大展好書　好書大展
品嘗好書　冠群可期

大展好書　好書大展
品嘗好書　冠群可期

實用武術技擊⑩

奪凶器基本技法

韓建中 著

大展出版社有限公司

民族之長旅

　　幾年前，我在一家雜誌社做兼職編外記者，曾跟著韓教授考察過全國不少武術鄉，對民間武術頗感興趣。尤其在河北平鄉，那些「土」得掉渣的武術拳師們身著緬襠褲，布裹纏腰帶，依舊昭示著傳統武術的尊嚴。

　　把這與現今影視中「港味」十足的「功夫人」比較後而言之，「土」拳師們更具民族英雄般的慷慨。當你同他們細聊武術之精湛時則簡樸腼腆多於拳場上的爆發。在拳場上，他們永遠是一張張拉滿的弓。武壯士們豈肯認輸於流行現世的泰拳、跆拳道、柔道？怎能容忍別人小視中國的神功呢？用拳師們的話說：「生不服，死不降呀……」其中的悲壯和美麗卻使我感動至今。

　　中國武術分布很廣，其源流的考證永遠是一個有意味的課題。其路途遙遙、山重水複。在江河兩岸，在滇南，在漠北，到處都留下武術人的子孫、武術人的穀種、武術人生死絕唱的故事。韓教授常說：「武術不僅是史學問題，還是一

種博大的文化體系問題。每當我在思考這個問題時，會突然感覺到，我們的地球在這個空洞豐饒的宇宙間正做著孤獨長嘯，它必定要發出某種聲音的。」

是的，韓建中出身於武術望族之家，這個家族始終沒有停止過尋求與探索的步伐，好像被一個神聖而不曾言傳的目標所引導。他們一代代地腳踏星宿長旅，到底在尋求什麼、奔赴什麼？這就像屈原的《天問》，上下求索不息……

※　　※　　※

梅花拳傳人韓建中寫過許多著作。它們記錄了許多武術的歷史，傳播著武術的知識，表達了武術的思想，交流著武術的情感，有的成爲重要的武術工具教科書。爲了發掘搜集、分類編整、考證注解，韓教授跑圖書館、史學館、資料研究館，行走於山水之間，傾注著他對中華故土武文化的熱愛，可謂難能可貴。

了解他的人都知道韓教授寫文章很率真，動筆就密植尖銳與嚴謹，不負眾望地堅持住名牌造型，永遠沐浴在聚光燈下。人說：洞明之人永遠有啥說啥，想啥寫啥。他寫文章就近取材不避庸常，在散發著現實體溫的過程中卻讓人體味出超理性的隱喻和象徵。

面對民間沾泥帶土原汁原味的武壇，面對亦善亦惡亦榮亦恥亦喜亦悲的混沌太極世界，他與讀者一道設法借助既有的觀念來解讀武術專家們再熟悉不過的深奧理論與經驗，就像生活一般具有不可究詰的簡練與強大，從而使常人對武術的理解一次次獲得啓迪。

他在著書方面，像個群眾文化工作者，使用公眾化的語言和平易近人直截了當的體式，即使是俗事也乾脆脫俗。他

講的一招一勢，既躬行實用，又耐久直接，令讀者往返自如，從而達到無我之境。

無我之境，說到底不是技巧，而是一種心態、一種境界。它意味著不造作、不欺世、不嘩眾取寵；它意味著作者不論尖銳與否、靈敏與否，留給這個世界的永遠是一種誠實的聲音。當越來越多的面孔越來越多地變成謊言的時候，誠實率真就成爲上天伸向人們的援手，是一切武術人最基本的套路與拳譜。從這個意義上說，韓建中的作品應屬他和他們梅花拳的心魂……

※　　　※　　　※

然而有時候民族民間武文化的研究，常被許多現代的「學人」不齒或不屑。其實真正的大智者，才懂得童心純淨和彌足珍貴；不是到了「非典」嚴重時才注意保護生態和環境的緊迫，不是在工業發達之後才注重人性與自然結合的成果——民族民間的文化。

我曾在許多文章刊物上說美國到處可見印第安文化保護區及博物館。美國在文物保護、資料整理、習俗繼承和推介方面的浩繁工作，實在令人驚嘆。在中國武壇，研究中國民間傳統武文化的專家學者也很多，韓建中是其一，並以此自豪。他們的堅定，正是人性的證明。

由此，我不禁想到中華民族武文化是一種生命力頑強的民族文化，枝繁葉茂、生生不已。可以肯定，當你讀完韓教授這部《奪凶器基本技法》後，必會感受到韓老師在認識論方法、在實用理論方面所體現出來的更新和突破。當你在感悟了民族文化的勤勞和持久之後，中華武文明的超常強韌會使我們刮目相看。我們沒有理由忘卻，更應像韓教授那樣在

經歷了幾十載的苦打苦練後依舊堅韌地爲後人開拓前行。誠然，你可能由此對文明與文化興盛的玄機略有感悟，那就沿著感悟的翅膀去體會天人合一的大武術境界吧。

※　　※　　※

思路時斷時續，零零落落，姑妄寫之，恐會給敎授給讀者留下諸多遺憾。只圖筆者對韓老師眞切的理解。謹當書序。

李　　萍

寫於二〇〇三年五月十六日

目錄

第一章
奪凶器 90 招

一、奪匕首

1。外掰拿奪匕首 圖1~圖3

【動作】：

　　當對方右手握匕首由前向我頭面部或胸部直刺時，我迅速向左側閃身，用左手順勢捋抓住對方右手腕部，右手也由下向上抓握住對方右手腕部，兩手合力向外、向下翻擰對方

圖1

圖2

圖 3　　　　　　　　　　　　圖 4

右前臂，使對方右手指尖向下，此時對方右臂右腕疼痛難忍被擒。目視對方，注意觀察其動作變化。

【要領】：

要掌握好攻擊的時機，進攻時要突然、隱蔽，左右兩手抓住對方右前臂和腕關節合力向外旋擰時，用力要協調一致，協調用力；同時要以腰部為軸，身體左轉，隨時保持身體平衡。全套動作要連貫、協調、迅猛、準確。

2。折腕頂襠奪匕首　圖 4～圖 6

【動作】：

當對方右拳或右手持匕首由前對準我頭面部、胸部擊來時，我立即向左側閃身，身體左轉，左手迅速抓握住對方右手腕部，順勢前推，右手迅速由下抓其右手腕部，兩手合力向對方身體一側擰折，使對方右腕關節小於 90°，同時上抬右腿，用右膝頂擊對方襠部，將其擒住。目視對方，注意觀

圖 5

圖 6

察其動作變化。

【要領】：

躲閃抓腕的動作要突然、迅
猛、準確，不要讓對方有所察
覺；兩手合力旋擰並向回折及用
膝頂擊其襠部的動作要狠，要迅
猛有力；用左手抓握對方右腕部
的動作要準確、突然，一旦抓住
就不要輕易鬆開，全套動作要連
貫、協調、準確、有力。

圖 7

 。擰臂扛拿奪匕首　圖 7～圖 9

【動作】：

當對方右拳或右手持匕首向我頭面部、胸部擊來、刺來
時，迅速向左躲閃，並用右手將抓住對方右手腕關節或右前

圖8

圖9

臂，向右轉身；上左步，用左肩緊緊頂住其右腋窩處，同時左右兩手抓住對方右腕關節，以左肩為支點，邊旋擰邊用力下壓，對方右臂受力後疼痛難忍或脫臼骨折被擒。目視對方，注意觀察其動作變化。

【要領】：

向左躲閃與抓握對方腕關節的動作要突然、迅猛、準確、有力；兩手合力旋擰與以左肩為支點旋擰下壓的動作要連貫，用力要協調一致；左肩頂住對方腋窩時，身體要貼緊靠實對方的身體，中間不要留有空隙。全套動作要乾淨俐落。

４。夾臂鎖喉奪匕首　圖10～圖13

【動作】：

當對方用右拳或右手持匕首由後面向我背部擊來、刺來時，我突然向右後轉體，同時用右臂橫擊其右臂，左腳貼對

圖 10

圖 11

圖 12

圖 13

方支撐腿前邁，身體緊緊貼住對方身體右側，右臂屈臂用力夾住對方右前臂，使其不能自由轉動，左臂迅速摟、圈住對方頸部向後、向下拉，將其擒住。

圖14　　　　　　圖15

【要領】：

向右轉體與右臂橫擊對方右臂的動作要突然、迅猛，要非常隱蔽，不使其察覺；右臂屈夾其右臂與左手摟、圈住對方頸部的動作要同時進行，要準確有力，特別注意左臂摟、圈住對方頸部向後、向下拉的動作，不要向後仰身，要以腰部作軸向左後轉身，隨時注意保持身體平衡。

5. 圈臂掰腮奪匕首　圖14、圖15

【動作】：

當對方右手持匕首由後逼住我時，我迅速右後轉身，同時用右前臂向外格擊，並順勢回折，將對方右前臂緊緊圈住，使對方右臂再不能隨意旋轉；上左步，左腿緊緊吃住貼住對方右支撐腿，控制住對方身體，左手由後向前摳住對方腮部，向後、向下掰扭，將對方擒住。目視對方，注意觀察其動作變化。

【要領】：

使用圈臂掰腮奪匕首技法時，要掌握好進攻的時機，注意匕首與自己的距離，避其鋒芒，抓住機會突然進攻；左手向後、向下掰扭對方腮部時，要以腰部作軸，向左轉身，千萬注意不要向後仰身，要隨時保持身體平衡，全套動作要連貫、迅猛、準確、有力。

⑥．鏟膝扳頸奪匕首　圖 16～圖 18

【動作】：

當對方用匕首向我刺來時，我迅速用右手捋抓，同時上左步向右轉體躲閃，用右腳鏟踢對方右膕窩處，並用左手摟住對方頸部，向左後方用力掰擰，右手抓住其右腕向後猛拉，將其拿住。目視對方，注意觀察其動作變化。

【要領】：

閃身抓腕的動作要快而準確，鏟踢右膕窩的動作要有力迅猛；左手扳頸要與右手抓腕（或臂）向後猛拉的動作配合好，要協調一致。掌握好進攻的時機，全套動作要乾淨俐落。

圖 16

圖 17　　　　　　　　　　圖 18

7。夾臂擊頭奪匕首　圖 19～圖 21

【動作】：

　　當對方右手持匕首由後面對準我背部時，我突然向右轉身用右臂格開其右臂，使其匕首偏移；隨即右臂前屈將其右臂緊緊夾住；上左步，用左擺拳擊打其右太陽穴，將其擊昏擒住。目視對方，注意觀察其動作變化。

【要領】：

　　右轉身用右臂格開其右臂的動作要非常隱蔽，使其毫無察覺；右

圖 19

圖20

圖21

臂前屈夾其右臂與上左步用左擺拳擊打其太陽穴的動作要有力、連貫，中途千萬不要脫節。全套動作要乾淨俐落，千萬不要拖泥帶水。

8。外掰踢襠奪匕首　圖22～圖24

【動作】：

當對方用右拳或右手持匕首向我頭面部、胸部打來、刺來時，我迅速向左側閃身，同時用左手抓其腕關節或右前臂，右手由下向上抓對方右腕部，兩手合力向外側翻擰，同時上抬右腳，以右腳踢擊其襠

圖22

圖23　　　　　　　　　圖24

部，對方上下被擊，疼痛難忍，被我制服。

【要領】：

向左側躲閃與抓握對方右手腕部的動作要突然、迅猛；兩手合力向外翻擰與右腳踢擊對方襠部兩個動作幾乎同時進行。全套動作要準確、協調、有力。

⑨。拉臂肘擊奪匕首　圖25、圖26

【動作】：

當對方右手持匕首向我頭、面部或胸部刺來時，我迅速向左側閃身，躲過匕首鋒芒，並順勢用右手由上向下持抓住對方的右臂用力後拉；上左步同時屈左肘，以左肘擊打對方頭、面部，將對方制服。目視對方，注意觀察其動作變化。

【要領】：

右手由上向下持抓對方右臂的動作一定要突然，一旦抓住就不要輕易鬆開，要抓牢、抓實，用力回拉；左肘擊打時

圖 25

圖 26

要借助右手回拉之力前擊，注意兩手的協調用力、協調配
合，手動步動，步動身動，要擊打出整力來。全套動作要突
然、迅猛、連貫、準確。

10。抓臂折腕奪匕首　圖27～圖29

【動作】：

　　當對方右手持匕首由前向我胸部或頭、面部刺來時，我迅速向左側閃身，順勢用左手抓握住對方的右前臂，最好是抓右手腕部，並逆時針方向旋擰，同時右手牢牢抓住對方右掌背部一側，用力下折，使其腕關節指尖向地，並夾角小於90°，對方腕關節被折疼痛難忍被擒。目視對

圖27

圖28

圖29

方，注意觀察其動作變化。

【要領】：

要掌握好進攻的時機，進攻時要突然、迅猛，左手抓握住對方右前臂腕關節後，要抓牢抓實，中途不要鬆開；兩手合力旋擰下折時注意協調用力。全套動作要連貫、協調、準確。

11. 拉臂別肘奪匕首　圖30～圖32

【動作】：

當對方右手將匕首向我胸部或頭、面部刺來時，我迅速向左側閃身，用右手向上格架，順勢握抓住其右手腕部；上左步，左手（或左前臂）由下向上別住對方右肘關節處用力上挑，同時右手握住其右手腕關節用力下拉，一挑一拉將其拿住。目視對方，注意觀察其動作變化。

【要領】：

全套動作要突然、迅猛、準確、有力，上左步時要緊緊貼住、吃住對方的身體，右手由上向下拉與左手用力上挑兩個動作要同時進行；右手抓握住對方右手腕關節後千萬不要中途鬆開，要抓緊抓牢。

圖30

圖 31

圖 32

12. 夾臂擊面奪匕首　圖 33～圖 35

【動作】：

當對方右手持匕首向我頭、面部或胸部刺來時，我迅速

向右閃身，同時用左前臂向上攔架並順勢捋抓住對方右前臂，將其夾於自己左腋下，夾牢夾實；上左步，右手變掌，由後向上再向下掄劈擊打對方頭、面部，將其制服。目視對方，注意觀察其動作變化。

圖 33

【要領】：

掌握好進攻的時機，進攻時要隱蔽、突然、迅猛。左臂向上攔架順勢捋抓對方右臂，上左步，右手變掌劈擊對方頭、面部，雖然是三個動作，但幾乎同時完成，所以要注意動作的連貫、協調。全套動作要乾淨俐落。

圖 34

圖 35

13. 別臂壓肩奪匕首　圖 36～圖 38

【動作】：

當對方用匕首挑刺刺來時，我迅速向後閃身，左臂前伸，用「×」形防守，並迅速順對方右腋下前插，屈肘纏繞別住其右臂；同時上左步撤右步，身體向右後轉，將對方右臂反捲別於背後，右手用力下壓對方右肩，將其拿住。目視對方，注意觀察其動作變化。

【要領】：

要掌握好進攻的時機，全套動作要隱蔽、連貫、準確、有力，別對方右臂與下壓其右

圖 36

圖 37

圖 38

肩的動作要同時進行，協調用力，動作要乾淨俐落。

14. 圈脖拿奪匕首　圖39～圖41

【動作】：

當對方右手持匕首向
我頭、面部或胸部刺來
時，我迅速向左側躲閃，
上左步的同時，以右手向
外格架，並順勢抓握住對
方右手腕關節，身體緊貼
對方身體，要靠緊靠實，
左臂彎曲回折，用掌背部
卡住對方喉部，用力向
下、向後拉，將其拿住或
摔倒。目視對方，注意觀

圖39

圖40

圖41

圖 42　　　　　　　　圖 43

察其動作變化。

【要領】：

使用圈脖拿奪匕首時，一定要掌握好進攻的時機，右手抓住對方右手腕部後，要抓牢不要輕易鬆開；左臂回折卡住對方喉部向後、向下拉的動作千萬不要向後仰身，要以腰部作軸向左後方轉身，這樣才能保證身體平衡。全套動作要連貫、協調、迅猛、有力。

15. 圈臂折腕奪匕首　圖 42～圖 44

【動作】：

當對方右手持匕首由後逼住我身體背部時，我迅速右後轉身，同時用右臂向外搪撥，並迅速回圈，用右前臂圈住對方的右前臂，使其持匕首的右臂不能自由轉動；上左步，身體前擠，左手由下向上握住對方腕關節用力下拉、下壓，將對方摔倒。目視對方。

圖44　　　　　　　　　　　圖45

【要領】：

使用圈臂折腕奪匕首招法時，右後轉身的動作一定要突然、迅猛、準確，使對方毫無察覺；右前臂圈住對方右臂要有力，要圈牢，圈緊，中間不要留有空隙，一旦圈住就決不鬆開；左手由下向上握住對方腕關節用力下拉、下壓的動作要有力，要與身法、步法配合好。全套動作要一氣呵成，乾淨俐落。

*16。*抓臂擊腕奪匕首　圖45～圖47

【動作】：

當對方右手持匕首向我頭、面部或胸部刺來時，我迅速向左側閃身，避開匕首鋒芒，用左手向外推擊對方右前臂，順勢抓住其右臂腕關節，右手由下向上擊打對方右腕掌背部，並順勢抓緊其右腕用力下折。對方腕關節被擊被折，疼痛難忍，失去抵抗能力。目視對方，注意觀察其動作變化。

圖 46   圖 47

【要領】：

　　使用抓臂擊腕奪匕首時，要掌握好進攻的時機，左手抓臂抓腕的動作要突然，要抓緊抓牢。右手擊打下折對方右腕的動作要連貫、準確、有力。

二、奪短棍

17. 抓臂切別奪短棍　圖 48 ～ 圖 50

【動作】：

　　當對方右手持短棍由上向下向我頭、面部劈擊時，我迅速用右手向上格架，並順勢抓住對方右前臂，左步前插，左腿緊緊吃住對方支撐腿，左手變掌，由後向前切擊對方頸部，同時左腳貼地用力後蹬，將對方摔倒。目視對方，注意觀察其動作變化。

圖 48　　　　　　　　圖 49

圖 50

【要領】：

　　使用抓臂切別奪短棍技法時，要掌握好攻擊的時機。進攻時動作要隱蔽，要在對方毫無察覺的情況下攻擊才能收到好的擒敵效果；右手向上格架順勢捋抓對方右臂的動作要突

然、迅猛，左步前插要及時，左腿後蹬一定要貼地。全套動作要連貫、協調、準確、有力。

18. 折腕踢襠奪短棍　圖 51～圖 53

【動作】：

　　當對方右手持短棍劈擊我頭、面部時，我迅速用右臂上架，順勢回手抓握住對方右手腕部，左手配合右手由下向上也緊緊抓住對方右腕關節，兩手用力回折，使對方右手腕關節夾角小於 90°，同時起右腳踢擊其襠部。對方上下被擊，失去抵抗能

圖 51

圖 52

圖 53

力。目視對方，注意觀察其動作變化。

【要領】：

要掌握好攻擊的時機，左右兩手抓住對方右手腕關節後千萬不要輕易鬆開，要抓牢抓實；兩手用力回折對方腕關節時一定使對方腕關節夾角小於90°並使其指尖向下；右腳踢擊對方襠部時要迅猛、準確。全套動作要連貫、協調。

19。圈臂肘擊奪短棍　圖54～圖56

【動作】：

當對方右手持棍由上向下劈擊我頭、面部時，我迅速用左臂向上攪架並順勢圈住對方右臂，使其不能自由轉動，上右步同時屈右臂，用右肘掃擊對方頭、面部。對方頭面部被擊，失去抵抗能力被擒。目視對方，注意觀察其動作變化。

【要領】：

掌握好攻擊的時機，一旦左手摟抓住對方右臂就要抓緊

圖54

圖55

圖56　　　　　　　　　　　　　圖57

抓牢；右肘擊打對方頭、面部時要借身力。全套動作要準確、迅猛、協調、有力。

20。托臂踏膝奪短棍　圖57～圖59

【動作】：

當對方右手持短棍由上向下擊來時，我迅速向左側閃身，躲過棍擊，順勢以右臂上架並回手捋抓住對方右腕部，用力向外旋擰下壓，左手由下而上托住對方右肘用力上托；同時起左腳橫踏對方右膝外側。對方上下受擊，失去抵抗能力被擒。目視對方，注意觀察其動作變化。

【要領】：

要掌握好攻擊的時機，攻擊要隱蔽、突然、迅猛。右手旋擰下壓對方右臂與左手上托對方右臂肘部兩個動作要同時進行，要協調用力，力點要準確；左腳橫踏對方右膝時要準確、有力，不要抬腳過高。全套動作要乾淨俐落。

圖58

圖59

21。抓臂擊襠奪短棍　圖60、圖61

【動作】：

　　當對方右手持短棍由上向下向我頭、面部擊來時，我迅速向左側閃身，躲開來棍，用左臂向外攪架，回手順勢捋抓住對方右前臂用力回拉；上左步，同時用右掌擊打對方襠部，對方襠部被擊，疼痛難忍被擒。目視對方，注意觀察其動作變化。

圖60

【要領】：

使用架臂擊襠奪短棍技法時，捋抓住對方右前臂用力回拉與右掌擊打對方襠部兩個動作應同時進行；上步與擊右掌要配合好，要打出整力，掌握好攻擊的時機。全套動作要連貫、協調、準確、有力。

圖 61

22。拉臂砸肘奪短棍　圖 62～圖 64

【動作】：

當對方右手持短棍由上向下劈擊我頭、面部時，我迅速向右側閃身，左手上架，順勢回手抓握住對方右手腕部或前臂，用力回拉，同時用右肘砸擊對方胸部，對方胸部被擊疼痛難忍，喪失抵抗能力。目視對方，注意觀察其動作變化。

【要領】：

左手抓握其右手腕用力回拉與右肘砸擊對方胸部的動作要同時進行，要借力打力、協調

圖 62

圖 63

圖 64

用力。攻擊時要突然、迅猛、準確、有力。全套動作要乾淨
俐落。

23。單手別臂拿奪短棍　圖65～圖67

【動作】：

　　當對方右手
持短棍由上向下
向我頭、面部劈
來時，我迅速向
右側閃身，躲過
來棍，同時用左
手向外攔架對方
右臂；上右步，
右臂貼對方右臂
外側前插並向上

圖 65

圖66　　　　　　　　　　　圖67

順勢別住對方右臂，用力下拉其右前臂，將對方拿住。目視對方，注意觀察其動作變化。

【要領】：

使用單手別臂拿奪短棍技法時一定要掌握好攻擊的時機，攻擊時動作要突然、迅猛、準確、有力。右臂貼對方右臂外側前插別住對方右臂的動作要貼實、靠緊；當拉住對方右前臂後千萬不要再將手鬆開，要一拉到底，這樣才能將對方擒住。

24。抒臂掐喉奪短棍　圖68～圖70

【動作】：

當對方右手持棍劈擊我頭、面部時，我迅速用左臂上架外攪，順勢用力將對方右臂夾於左腋下；同時上左步，左腿緊緊吃住對方右腿，右手前伸用力掐住對方喉部，向後、向下用力掐推將對方拿住，將棍奪下。目視對方。

圖 68

圖 69

圖 70

【要領】：使用抓臂掐喉奪短棍招法時，注意左臂上架外攪，順勢抓住對方右臂，將其夾於左腋下的動作要準、猛，一旦抓住決不輕易鬆開；右手掐喉要狠要快，同時要與左腿配合好。全套動作要乾淨俐落、準確、有力。

25。挫臂拿奪短棍 圖71~圖73

【動作】：

當對方右手持短棍由上向下擊打我頭、面部時，我迅速向右側閃身，用左手向外格架對方右前臂，並貼緊靠實、黏住其右前臂，右手由對方腋下前穿回折，左臂用力前推，右手用力回折後拉，一推一拉像剪子一樣將對方右臂鎖住，對方右

圖71

圖72

圖73

臂受擊疼痛難忍，被我擒住。目視對方，注意觀察其動作變化。

【要領】：

要掌握好進攻的時機，左手用力前推對方右臂與右手用力回折後拉對方右臂兩個動作要同時進行，注意協調用力，動作要準確、有力。全套動作要乾淨俐落，不要拖泥帶水。

26. 拉臂擊面奪短棍　圖74～圖76

【動作】：

當對方右手持短棍由上向下擊打我頭、面部時，我迅速向左側閃身，右手由下向上、再向下，順勢攪架将抓住對方持棍的右臂或短棍；向前上左步同時屈左臂，用左肘部擊打對方頭、面部將短棍奪下。目視對方，注意觀察其動作變化。

【要領】：

使用拉臂擊面奪短棍時，右手由下向上、再向下順勢攪架将抓住對方持棍右臂或右棍時要抓緊抓牢，一旦抓住就不要輕易鬆開；摟抓對方與左肘擊打對方頭、面部兩個動

圖74

圖 75

圖 76

作要銜接好,幾乎同時完成。用肘擊面部的動作要準確、凶狠,全套動作要突然、迅猛,要掌握好進攻的時機。

27.架臂別肘奪短棍　圖77～圖79

【動作】：

　　當對方右手持短棍由上向下向我頭、面部劈來時，我迅速向左閃身，同時用右臂向上格架；上左步用左手抓握住對方右手臂、腕關節，向下按壓的同時右手回折，用虎口托住對方肘窩處向上推舉，將對方擒住。目視對

圖77

圖78

圖79

方，注意觀察其動作變化。

【要領】：

使用架臂別肘奪短棍技法時，左手下拉與右手上托的動作要同時進行。要掌握好進攻的時機，全套動作要連貫、迅猛、準確、有力。

28。抓臂擊肋奪短棍　圖 80～圖 82

【動作】：

當對方右手持短棍劈擊我頭、面部時，我迅速向左閃身，用右前臂向上格架，順勢抓握住對方右前臂，用力後拉，身體下蹲屈左臂，用左肘擊打對方的右肋部。對方由於右肋受擊打，疼痛難忍，失去抵抗能力而被擒住。

【要領】：

使用抓臂擊肋奪短棍招法時，右手抓握住對方右前臂用

圖 80

力後拉與左肘擊打對方右肋部，雖然是兩個動作，但幾乎同時完成，注意協調用力。全套動作要迅猛、連貫、準確、有力。

圖 81

圖 82

三、奪菜刀

29。抹眉拿奪菜刀　圖 83～圖 85

【動作】：

當對方用右拳
或右手持菜刀向我
頭、面部擊來時，
我迅速向左側閃
身，右前臂上架外
攪，順勢拎抓住對
方右手腕關節或右
前臂；上左步，身
體緊緊貼住對方身

圖 83

圖 84

圖 85

體，左腿靠緊吃住對方的支撐腿，同時左手由下向上按住對方額骨部位，向下、向後用力按壓，將對方拿住。目視對方，注意觀察其動作變化。

【要領】：

使用抹眉拿時，首先要掌握好攻擊的時機，當右手抓住對方右手腕關節時，要抓牢抓緊，一旦抓住就不要輕易鬆開；左手向下、向後按壓對方額部時，不要向後仰身，要以腰部為軸，向左後方轉動，隨時注意保持身體平衡。全套動作要協調、迅猛、準確、有力。

30。坐肩拿奪菜刀　圖86～圖89

【動作】：

當對方用右拳或右手持菜刀向我頭、面部擊來、劈來時，我迅速以右手上架，順勢捋抓住其右手腕關節，用力回拉，同時用左手下壓、下推對方右臂肘部或肩部；上抬左腿

圖86

圖87

圖88　　　　　　　　　　　圖89

由後向前邁過並用臀部坐壓對方右肩部，兩手同時抓握住對方右臂，用力旋擰上抬，使其右臂疼痛難忍失去抵抗能力而被擒。目視對方，注意觀察其動作變化。

【要領】：

要掌握好攻擊時機，右手抓握住對方右手腕關節或右前臂之後，千萬不要輕易鬆開，要抓牢抓實，這是實施全套技法的關鍵，只有抓得住，才能拿得住；上抬左腿用臀部坐壓對方右關節的動作要突然，要在對方毫無察覺的情況下進行；臀部坐壓與兩手合力旋擰上的動作要同時進行。全套動作要準確、迅猛、突然、有力。

31. 踢膝掃肘奪菜刀　圖90～圖92

【動作】：

對方右手握菜刀由上向下劈砍我頭部時，我立即向左側跨步閃身，順勢用右手抒抓住其右手腕部或右前臂用力向後

拉,同時抬右腳踏擊對方右膝關節處,屈左臂,用左肘橫掃其頭、面部。對方由於膝部和頭部受擊失去抵抗能力。目視對方,注意觀察其動作變化。

【要領】:

向左跨步閃身時不要離對方太遠,要恰到好處,右手摟抓對方右手腕部要準確、有力、迅猛、抓牢、抓實;右腳踏擊與左臂掃肘兩個動作要同時進行,使對方顧此失彼。全套動作要乾淨俐落。

圖 90

圖 91

圖 92

32。掐喉絆腿奪菜刀　圖 93~圖 95

【動作】：

　　對方用右拳或右手持菜刀由上向下向我頭、面部劈來、砍來時，我立即用左臂向上格架，順勢用左手抓住其右腕關節或右前臂，用力向外翻擰，並將其緊緊夾於自己左腋下，對方右臂被控制住不能自由彎曲或轉動；向前上右步，上步時要緊貼對方支撐腿，以右腳腳跟部用力貼地後

圖 93

圖 94

圖 95

蹬，同時右手前伸掐其咽喉，右腳後蹬後絆，右手掐喉，使對方顧上顧不了下，上下夾擊將其制服。目視對方，注意觀察其動作變化。

【要領】：

格架與抓握的動作要準確到位，格架後左臂不要回抽，要一直貼住黏住對方右臂，千萬不要中途離開；將對方右臂夾於自己左腋下更要夾緊夾牢。掐喉與後絆雖然是兩個動作，但幾乎同時完成。全套動作要乾淨、俐落、準確、有力。

33. 拉腕砍頸奪菜刀　圖 96～圖 98

【動作】：

對方右手握菜刀向我頭、肩部砍來時，我立即向右閃身，上右步，左手由上向下順勢抓握其右前臂最好是右腕部，用力向斜下方拉；同時右手變掌，以掌外沿砍其右頸部（或以指尖戳對方雙眼），使其頸部（或雙眼）受傷失去抵抗力，被我擒住。目視對方，注意觀察其動作變化。

【要領】：

閃身上步動作要快，左手由

圖 96

圖 97

圖 98

上向下順勢抓握其右手腕部的動作要迅疾準狠，劈砍對方右頸部的動作要剛勁、強實。注意全套動作要協調、準確、乾淨、俐落。

34. 夾臂擰腕奪菜刀　圖99、圖100

【動作】：

對方右手握菜刀由上向下向我劈來時，我立即向左側閃身，上右步；同時左手順勢由上向下抓住其右手腕處，左肘迅速上抬，用力夾住其右臂，左腳後插吃住其右腳，使其難以轉動，右手由外側抓住其腕關節，兩手合力旋擰，對方右臂疼痛難忍被我拿住。目視對方，注意觀察其動作變化。

圖99

【要領】：

上步閃身的動作要快，左手抓其右手腕上抬與左肘夾其右臂的動作要掌握好時機，動作要突然、迅速、準確，擰腕的動作要狠，要有力。全套動作要乾淨俐落，注意掌握好動作的節奏。

圖100

35。推肘拉衣奪菜刀　圖101、圖102

【動作】：

當對方右手持菜刀向我頭、面部擊來時，我迅速向左閃身，用左手托住對方右肘部，用力向對方嘴部推；上左步，緊緊吃住對方支撐腿，右手拉住對方左側衣服用力回拉，一推一拉將對方拿住。目視對方。

【要領】：

使用推肘拉衣奪菜刀招法時，左手托住對方右肘部與用力向其嘴部推與右手用力回拉對方左側衣服兩個動作要同時進行，用力要猛，要協調，左腿吃住對方支撐腿，要貼緊靠實，中間不要留有縫隙，使其難以改變身法和步法，這樣才能收到好的擒拿效果。

圖101

圖102

36。勾踢拉髮奪菜刀　圖103～圖105

【動作】：

　　當對方右拳或右手持菜刀向我頭部擊來時，我迅速向左側閃身，同時右手向外格架，順勢抓住對方腕關節，用力下拉；左手抓住對方頭髮向後、向下猛拉，左腳貼地勾踢對方右支撐腿，使對方顧上顧不了下，摔倒被擒。目視對方，注意觀察其動作變化。

圖103

【要領】：

　　使用勾踢拉髮技法時，首先要掌握好攻擊時機，動作要隱蔽、突然、迅猛；右手下拉對方右臂、左手向後、向下拉對方頭髮與左腳貼地勾踢其右腳三個動作幾乎同時完成。全套動作要協調一致，隨時保持身體平衡。

圖104

圖 105

*37。*肩頂別摔奪菜刀　圖 106～圖 108

【動作】：

當對方右手持菜刀左右橫掃我頭、面部時，抓住對手從

圖 106

圖 107

右向左反手橫掃的機會，迅速用右臂向外推架，順勢捋抓住對方右前臂並用力回拉；上左步，左腿緊緊吃住對方的支撐腿，左肩用力向前、向下頂擊對方的右臂根部，將其摔倒。

圖 108

【要領】：

使用肩頂別摔奪菜刀技法時，捋抓對方右前臂回拉的動作要突然、迅猛、準確，左腿吃住對方支撐腿，要像木椿一樣，使其難以轉動；左肩用力向前、向下頂擊對方右臂根部的動作要有力，中途不要鬆懈，要一頂到底，直到對方倒地為止。注意全套動作要乾淨俐落。

38。抓臂蹬膝奪菜刀　圖 109～圖 111

【動作】：

當對方用刀劈砍我頭、面部時，我迅速向左側閃身，左手向外攬架，順勢摟抓住對方右手腕關節，由下向上托舉，右手順勢按住對方肩關節回拉下按，右腳蹬擊對方膝關節，將對方蹬倒。

【要領】：

使用抓臂蹬膝奪菜刀時，要注意兩手的銜接配合，特別是右

圖 109　　　　　　　　　圖 110

圖 111

手向上托舉對方右臂交與左手繼續上舉的動作更要銜接好；右手回拉下按對方肩關節與左手上舉對方右臂兩個動作要同時進行。全套動作要連貫、準確、有力、協調。

四、奪長棍

39. 捋抓跪拿奪長棍　圖 112～圖 115

【動作】：

當對方由上向下劈擊我頭、面部時，我迅速向右閃身躲過劈來之棍，左手順勢由上向下捋抓住對方長棍的前端用力回拉；上右步，右腳前插，右腳內踝緊緊貼住對方前支撐腳內踝，右小腿牢牢擠住對方小腿，用力向回45°角的方向下跪，將對方跪倒，將其拿住。

【要領】：

使用捋抓跪拿奪長棍時，注

圖 112

圖 113

圖 114

圖 115

意掌握好攻擊時機，左手抓住對方棍用力回拉，借力向前上右腳使用跪拿技法，要掌握好上步的時機，所以左手用力回拉非常重要。一是使對方重心不穩；二是分散對方的注意力，使對方顧上顧不了下，從而收到好的擒拿效果。

40。捋抓砸肘奪長棍　圖116～圖118

【動作】：

當對方雙手持長棍由左向右橫擊我時，我迅速向後撤步，躲過擊來之棍，看準時機，順勢用右手捋抓住對方長棍前端；上左步的同時屈左肘，用左肘橫砸對方右肘關節，對方右肘被擊疼痛難忍，失去抵抗能力。目視對方，注意觀察其動作變化。

【要領】：

使用捋抓砸肘奪長棍技法時，要掌握好攻擊的時機，躲對方擊來之棍時，後撤步不要過遠，要恰到好處，以剛好能躲過擊來之棍，又能儘快接近對方的距離為最佳距離。千萬不要因躲得過遠，難以快速接近對方而失去戰機；右手捋抓對方長棍前端與上左步屈左肘砸擊對方右肘關節幾個動作要

圖116

圖 117

圖 118

連貫、協調、準確、有力。全套動作要乾淨俐落，不要拖泥
帶水。

41. 抓臂托槍奪長棍　圖119～圖121

【動作】：

當對方雙手持棍由上向下劈擊我頭部時，我迅速向左側閃身躲過，右手順勢捋抓住對方右手腕關節用力下壓；左手托住對方肘關節用力上托，一托一壓將對方右臂控制住，將其擒住。目視對方，注意觀察其動作變化。

圖119

【要領】：

要掌握好進攻的時機，右手捋抓要準確、有力，一旦抓住就不要輕易鬆開；左手上托對方右肘關節與右手用力下壓對方右手腕關節的動作要同時進行，協調用力。全套動作要乾淨俐落、迅猛連貫。

圖120

圖 121

42. 擊面蹬膝奪長棍　圖 122～圖 124

【動作】：

當對方雙手持棍由前捅擊我頭、面部或前胸時，我迅速

圖 122

向右側閃身，順勢用左手捋抓住棍的前端或中段用力回拉，同時用右擺拳擊打對方頭、面部，並迅速上抬右腿，用右腳蹬踏對方左膝部，使對方顧上顧不了下，上下被擊而被擒。目視對方，注意觀察其動作變化。

【要領】：

要掌握好進攻的時機，左手捋抓住對方棍後就不要輕易鬆開。左手捋抓並用力回拉與右擺拳擊打和右腳蹬踏三個動作要有機地結合起來，掌握好節奏和時機。全套動作要迅猛、協調、連貫、準確。

圖 123

圖 124

43。拉推鎖頸奪長棍　圖 125～圖 127

【動作】：

當對方雙手持棍由前向我頭、面部或前胸部捅擊時，我迅速向右側躲閃，順勢用右手抓握住棍的前端，並向上、向前推棍；左手也順勢抓握住棍的中端向後拉，迫使對方將棍豎起來，隨即上右步向左轉

圖 125

圖 126

圖 127

身，身體貼緊對方背部左側，用棍中段套住其頸部，雙手用力向後拉，將對方頸部鎖住，使其失去抵抗能力。目視對方，注意觀察其動作變化。

【要領】：

躲閃要及時，要掌握好攻擊的時機。右手推棍與左手拉棍的動作要協調一致，用棍鎖住對方頸部向後拉的動作要快、要猛，要準確、有力。全套動作要連貫、協調。

44。絞壓橫擊奪長棍　圖128～圖130

【動作】：

對方雙手持棍由前向我頭、面部或前胸捅擊時，我迅速向外側躲閃，同時順勢用雙手分別抓握住棍的前端和中端，兩手用力沿順時針方向攪壓，迫使對方將棍鬆開；借力用棍橫擊其頭、面部或胸部。目視對方，注意觀察其動作變化。

圖128

圖 129

圖 130

【要領】：

躲閃要及時，要掌握好攻擊的時機。兩手抓棍要準確，絞擰時要一氣呵成，中途不要停頓，橫擊對方頭、面部的動作要迅猛有力。全套動作要協調、連貫。

45。抓棍勾掃奪長棍　圖131～圖133

【動作】：

當對方雙手持棍向我反背橫掃頭、面部時，我迅速下蹲屈身閃過，當棍掃過頭頂後，抓住時機，起身並用雙手按抓棍身；隨即用左腳勾掃對方前支撐腿，同時用左掌反背橫擊其頭、面部，對方顧上顧不了下被擊倒就擒。目視對方，注意觀察其動作變化。

圖131

【要領】：

要掌握好攻擊的時機，下蹲屈身躲閃要及時，雙手抓棍要迅速、有力、準確，一旦抓住就不要鬆開；左腳勾踢與左掌反背

圖132

橫擊雖然是兩個動作，應同時完成，注意保持自己身體的平衡。全套動作要連貫、迅猛、協調、準確。

圖 133

46。踩踏勾踢奪長棍 圖 134～圖 136

【動作】：

當對方用長棍向我頭、面部劈擊時，掌握時機看準其動向，當長棍擊空落地的瞬間，我迅速用右腳用力踩踩對方長棍中段，迫使對方將棍鬆脫；同時抬左腿，用左腳勾踢對方的支撐腿，將對方摔倒擒住。目視對方，注意觀察其動作變化。

圖 134

【要領】：

　躲閃與用右腳跺踩對方長棍中段的動作要掌握好進攻的時機，跺踩的動作要準確、有力；左腳勾踢時不要離地過高，要注意保持自己的身體平衡。全套動作要連貫、協調、迅猛、準確。

圖135

圖136

第一章　奪凶器90招

47. 摟抓壓肘奪長棍　圖137、圖138

【動作】：

當對方手持長棍由上向下劈擊我頭、面部時，我迅速向

圖137

圖138

左側閃身，並順勢以右手抓握住對方長棍的前端，上左步同時屈左臂，用力壓擊對方右臂肘部，對方右肘部被壓擊疼痛難忍被擒。目視對方，注意觀察其動作變化。

【要領】：

使用摟抓壓肘奪長棍技法時，要掌握好攻擊的時機，右手抓握與左臂壓擊的動作要協調。壓擊的動作要準確有力，全套動作要迅猛、連貫、乾淨俐落。

48。捋棍推肘奪長棍　圖139～圖141

【動作】：

當對方用長棍由前捅刺我前胸部時，我迅速向左側閃身，同時右手由上向下捋抓住對方長棍的前端，上左步的同時，左手用力推壓對方右肘關節，對方肘關節被擊後疼痛難忍鬆手被擒。目視對方，注意觀察其動作變化。

圖139

圖 140　　　　　　　　　圖 141

【要領】：

　　要掌握好攻擊的時機，攻擊時動作要突然、迅猛。右手
捋抓對方長棍前端的動作與左手推壓對方右肘關節兩個動作
要協調一致，全套動作要連貫、準確、有力。

49。撐別絆摔奪長棍　圖 142～圖 144

【動作】：

　　當對方持長棍由左向右橫擊我時，我迅速向前上步，左
手由上向下順勢捋抓住對方長棍，最好是中端，越接近對方
越好；右腳前邁，緊緊吃住對方右支撐腿，靠緊靠牢並向回
扣，使對方支撐腿不能左右轉動；右臂貼對方右側，向左側
下方外撐，將對方摔倒。

【要領】：

　　使用撐別絆摔奪長棍時，要掌握好進攻的時機，一般有
兩種：一是對方棍擊過去之後抓住對方棍尚未回掃時衝上前

去；二是對方剛要用棍橫掃，不等對方攻擊就迅速前衝接近
對方身體，實施擒拿。奪長棍時右腳前邁吃住對方右支撐腿
與右臂由前向外撐兩個動作要同時進行，像鉗子一樣將對方
身體緊緊鉗住，這樣才能收到好的擒拿效果。

圖142

圖143

圖 144

50。勾踢砍頸奪長棍　圖 145、圖 146

【動作】：

當對方用長棍劈擊我頭、面部時，我迅速向左側閃身，

圖 145

圖 146

順勢用右手由上向下捋抓住對方長棍前端用力回拉；向前上右步，起左腳勾踢對方前支撐腳，左手變掌，以掌外沿切擊對方的頸部，將對方擊倒。目視對方。

【要領】：

當使用勾踢砍頸奪長棍時，應勾踢對方的腳跟部，不要踢得過高；左手掌外沿切擊時，手臂不要擺動過大。切頸與勾踢要同時進行，要協調用力，動作要連貫，要快、猛、準確。全套動作要乾淨俐落。

51。捋抓踢擊奪長棍　圖 147～圖 150

【動作】：

當對方用長棍劈擊我頭、面部時，我迅速上左步，向左側閃身，右手順勢出上向下捋抓住對方長棍，用力回拉；同時抬右腿；用右腿踢擊對方膝關節處，並踏住膝關節用力下踩，將對方摔倒，將棍奪下。目視對方。

圖 147

圖 148

【要領】：

　使用捃抓踢擊奪長棍技法時，要注意全套動作的協調配合，動作要乾淨俐落、準確、有力；右腿向前踢擊下踏對方

圖 149

圖 150

膝關節的動作與右手摟抓住對方長棍用力回拉，兩個動作要同時進行，用力要一致。要掌握攻擊的節奏與時機。

五、奪斧子

52. 外掰絆摔奪斧　圖 151～圖 154

【動作】：

當對方用右拳或右手持斧子由上向下擊來時，我迅速向左側閃身，順勢用左手抓住其右手腕部，同時右手由下向上也抓住對方右手腕關節，上右步向左轉身，右腳向前插至對方右支撐腿外側，緊緊地

圖151

圖152

圖153

貼住吃住，並用力貼地外撐，兩手同時用力翻轉旋擰其右腕、右臂，對方上下被擊失去平衡倒地被擒。目視對方，注意觀察其動作變化。

【要領】：

使用外掰絆摔奪斧技法之時一定要掌握好進攻的時機，兩手抓握對方右腕右臂時要抓牢

圖 154

抓準，翻轉旋擰時要有力、迅猛；右腿後絆要貼地，上下配合，協調用力。全套動作要乾淨、俐落。

53。抒臂砸肘奪斧　圖 155～圖 157

【動作】：

當對方雙手持斧子向我頭、面部劈來時，我迅速向左側閃身，避開劈來的斧子，用右前臂向外攪架，順勢抒抓住對方的右手腕關節或右前臂；屈左臂，上左步，用左前臂由上向下砸擊對方右臂肘關節處。對方右關節被擊疼

圖 155

圖 156　　　　　　　　圖 157

痛難忍，失去抵抗能力。目視對方，注意觀察其動作變化。

【要領】：

使用捋臂砸肘奪斧子技法時，捋抓對方右前臂的動作要突然、準確，要抓牢、抓緊，一旦抓住就不要輕易鬆開；屈左臂下砸對方右臂肘部時要猛、要狠、要準，不要剛剛挨一下就離開，要一砸到底，直到對方摔倒或失去抵抗能力。全套動作要協調、乾淨俐落。

54. 推肘絆摔奪斧　圖 158、圖 159

【動作】：

當對方右手持斧向我頭、面部砍來時，我迅速向左側躲閃，避開斧子鋒芒，右手由下向上推托住對方右臂肘部，向對方嘴的方向用力上推，同時上右步吃住對方支撐腿，用力後絆，將對方絆倒擒住。目視對方，注意觀察其動作變化。

圖 158

圖 159

【要領】：

要掌握好進攻的時機，進攻時要突然迅猛。右手上托前推對方右臂與右腳用力後絆的動作要同時進行。右腳後絆時要貼地後蹬，不要離地過高。全套動作要協調、迅猛、準確、有力。

55. 舉臂壓肩奪斧　圖 160～圖 163

【動作】：

當對方右手持斧向我頭、面部劈來時，我迅速向左側閃身，同時用左手抓握住對方右前臂，向下、再向上用力舉起；右手按壓住對方右肩部，用力向下按壓，將其擒住。目視對方，注意觀察其動作變化。

【要領】：

要掌握好進攻的時機，左手抓其右前臂的動作要準確、有力、突然、迅猛，抓住就不要輕易鬆開；右手向下按壓對

圖 160 　　　　　　　　　　圖 161

圖 162 　　　　　　　　　　圖 163

方右肩的動作與左手上舉對方右臂的動作要同時進行。全套
動作要連貫、協調、準確。

56。抹眉勾掃奪斧 圖 164～圖 166

【動作】：

當對方右手持斧子由上向下向我頭、面部劈來時，我迅速向左側閃身，躲過劈來之斧，右手向上格架對方右臂，順勢捋抓住其右臂腕部；左腳用力勾掃對方右支撐腿；同時左

圖 164

手按壓住對方額部，用力向後、向下按壓。對方上下受擊被摔倒擒住。目視對方，注意觀察其動作變化。

圖 165

圖 166

【要領】：

要掌握好攻擊的時機，攻擊時動作要隱蔽迅猛。右手抓握住對方右腕關節時不要輕易鬆開，要抓牢抓實；左腳用力勾掃對方右支撐腿與左手用力向後、向下按壓對方額部的兩個動作要同時進行，協調用力。左手向後按壓時要以腰部作軸，向左轉身，千萬不要向後仰身，隨時注意保持自己的身體平衡。全套動作要協調連貫、準確迅猛。

57。夾臂掐喉奪斧　圖 167、圖 168

【動作】：

當對方右手持斧由上向下向我頭、面部劈來時，我迅速閃身，避開對方劈來的斧子，左臂向上攬架對方右臂，順勢將其夾於自己左腋下；上左步，右手由後向前掐住對方喉部，用力向下掐壓，將其拿住。目視對方，注意觀察其動作變化。

【要領】：

要掌握好進攻的時機，左臂夾住對方右臂時要夾緊夾牢，使其不能自由轉動；上左步與右手掐喉要同時進行，要猛，要快，要狠，要準。全套動作要協調、乾淨俐落。

圖 167

奪凶器基本技法

圖168

58. 反背錘擊奪斧　圖169、圖170

【動作】：

當對方右手持斧由上向下向我頭、面部劈來時，我迅速向左側閃身，避開斧子鋒芒，右臂向上攔架，回手順勢捋抓住對方右臂用力回拉，同時用左拳拳背擊打對方頭、面部，對方被擊失去抵抗能力而被擒住。目視對方，注意觀察其動作變化。

【要領】：

掌握好進攻的時

圖169

機，攻擊時動作要隱蔽，不能叫對方有所察覺，動作要突然、迅猛，捋抓住對方右臂後千萬不要再輕易鬆開，一定要抓緊抓牢並用力後拉；左拳反臂擊打對方頭、面部的動作要準確、有力，要借用身力。全套動作要乾淨俐落、協調連貫。

圖 170

59. 摟臂砍頸奪斧　圖 171～圖 174

【動作】：

當對方右手持斧由上向下向我頭、面部劈來時，我迅速向右側閃身，避開斧子鋒芒，左臂向上格架，順勢捋抓住對方右臂並緊緊將其夾於自己左腋下；右手變掌，以掌切擊

圖 171

對方左頸部，對方頸部被擊失去抵抗能力被擒。目視對方，注意觀察其動作變化。

【要領】：

要掌握好攻擊的時機，進攻時要隱蔽。左臂夾住對方右臂一定要夾緊夾實，不能讓對方右臂中途逃脫。捋抓與切頸兩個動作要同時進行。全套動作要協調、連貫、迅猛、準確。

圖 172

圖 173

圖 174

60。抒臂壓肘奪斧　圖 175～圖 177

【動作】：

當對方雙手持斧向我頭、面部劈來時，我迅速向左側閃

圖 175

圖 176

身，避其鋒芒，用右前臂向外攔架，順勢下捋抓住對方的右手腕關節或右前臂；屈左臂，上左步，用左前臂頂住對方右臂肘部用力下壓，將對方摔倒。目視對方。

圖177

【要領】：

使用捋臂壓肘奪斧子招法時，捋抓對方右前臂的動作要突然、準確、有力，要抓牢、抓緊，一旦抓住就不要鬆手；屈左臂下壓對方右臂肘部時要猛、要狠、要準，不要壓一下就離開，要一壓到底，直到對方摔倒。要掌握好攻擊的時機，全套動作要連貫、協調、準確。

61。夾臂戳眼奪斧　圖178～圖180

【動作】：

當對方右手持斧由上向下向我頭、面部劈來時，我立即向右側閃身，左臂迅速向上格架對方右臂，順勢捋抓住其右臂，死死夾於自己左腋下；同時右手變掌，以指尖戳擊對方雙目。對方雙目被擊失去抵抗能力被擒。目視對方，注意觀察其動作變化。

【要領】：

要掌握好進攻的時機，捋抓對方右臂與右指尖戳擊對方雙目的動作要同時進行。左腋下夾住對方右臂時，要夾緊、夾牢，千萬不要讓對方右臂中途逃脫。全套動作要協調、連貫、迅猛、準確。

圖 178

圖 179

圖 180

六、奪皮帶

*62。*防勒背摔奪皮帶　圖181～圖184

【動作】：

當對方由後用皮帶勒我頸部時，此時：1.皮帶已經將頸部勒住、勒緊；2.皮帶將套住頸部尚未勒緊。如果皮帶已經勒緊，迅速用左手向上抓住對方皮帶，將皮帶控制住，同時右手由下向上抓住對方前臂或衣袖，彎腰低頭，用臀部頂住對方，雙腿用力後蹬將對方摔出；如果對方皮帶尚未勒緊時，應迅速上舉左前臂，回手將皮帶拉住，用力下拉，同樣用臀部頂緊對方，彎腰、低頭，雙腳後蹬將對方摔出。目視對方。

圖181

圖182

圖183　　　　　　　　　圖184

【要領】：

使用防勒背摔奪皮帶時，手用力下拉與低頭彎腰、雙腳後蹬幾個動作要同時進行，要快要猛。特別注意提臀上頂的動作要頂實、靠緊，臀部上頂與雙腳用力後蹬更要注意協調用力。全套動作要連貫、協調、準確、有力。

63．雙托肘拿奪皮帶　圖185～圖188

【動作】：

當對方由前用皮帶套住我頸部時，我兩臂迅速由裡向外環繞畫弧，兩手順勢托住對方兩肘部，身體前移，用力前頂，防止其雙手掙脫開，同時兩肘回收，將其兩前臂夾住，用力托肘上挑，將其拿住。目視對方，觀察其動作變化。

【要領】：

使用托肘拿奪皮帶時，要掌握好進攻的時機，托抓對方兩肘和身體前移前頂的動作要同時進行，用力要猛，動作部

圖185

圖186

圖187

圖188

位要準確。全套動作要突然，這樣才能收到較好的效果。

64。轉臂按頸奪皮帶　圖189～圖191

【動作】：

當對方用皮帶由上向下劈擊我頭、面部時，我迅速上左步，左閃身，順勢用左手抓握住對方右臂腕部，貼對方身體由下向上托舉，右手按住對方頸部，用力下壓。左手上托，右手下壓，對方右臂鎖死被擒。目視對方，注意觀察其動作變化。

圖 189

圖 190

圖 191

【要領】：

使用轉臂按頸奪皮帶技法時，一定要掌握好進攻的時機，左手上托對方右臂與右手下壓對方頸部兩個動作要同時進行。全套動作要連貫、協調、準確、有力。

65。挒臂推肩奪皮帶　圖192～圖194

【動作】：

當對方用皮帶由上向下抽擊我頭、面部時，我迅速上左步，向左閃身。同時右手由外側挒抓住對方右前臂，然後用左手推壓對方肩部，推壓對方肩部的同時，右手向上用力回拉，一推一拉將對方拿住。目視對方，注意觀察其動作變化。

【要領】：

使用挒臂推肩奪皮帶招法時，右手挒抓動作要準確有力，抓住以後就不再輕易鬆開。右手拉臂與左手推肩兩個動作要協調，用力要一致。全套動作要快、猛、乾淨、俐落。

圖192

圖 193　　　　　　　　圖 194

66。防頂襠側別摔奪皮帶　圖 195～圖 198

【動作】：

當對方由前方用皮帶套住並用右膝關節頂擊我襠部時，

圖 195　　　　　　　　圖 196

圖197　　　　　　　　　圖198

　　我迅速向左側轉身，躲過對方頂膝，同時向前插右步，貼、
吃住對方支撐腿和身體。兩手回夾握住對方兩臂，最好是兩
肘部夾緊上托；右轉身用全身之力將對方摔倒。目視對方。

　　【要領】：

　　使用防頂襠側別摔奪皮帶時，躲閃對方頂膝的動作要及
時，插右步的動作要突然迅猛，兩肘部夾緊上托與右轉身右
步前插別摔對方的動作要配合好，用力要協調一致。全套動
作要連貫、協調、準確、迅猛。

67. 轉臂膝頂奪皮帶　圖199～圖201

　　【動作】：當對方用皮帶由上向下劈擊我頭、面部時，
我迅速上左步，向左閃身，躲過擊來的皮帶，同時用左前臂
向上格架，並貼其右臂向下按壓，再向上托舉，右手抓住對
方頭髮用力下拉；起右腿，用右膝關節頂擊對方頭、面部或
胸部，將對方制服。目視對方，注意觀察其動作變化。

圖199

圖200

圖201

【要領】：

使用轉臂膝頂奪皮帶技法時，首先要掌握好進攻的時機，進攻時要突然迅猛，左手用力上舉對方右臂，右手抓發下拉與抬右膝頂擊對方頭、面部或胸部雖然是三個動作，但

要同時完成，掌握好動作的連貫性與協調性。全套動作要流暢、有力、準確。

68. 別臂膝頂奪皮帶　圖202～圖204

【動作】：

當對方由前用皮帶將我套住，欲使用招法將我拿住或摔倒時，我迅速雙臂回折向下鑽，壓住對方雙臂腕關節，同時提右膝或左膝頂擊對方襠部或前胸部，將對方制服。目視對方。

【要領】：

使用別臂膝頂奪皮帶時，雙臂回折向下鑽壓對方雙臂腕

圖202

圖203

圖204

關節與用膝頂擊對方襠部或前胸部的動作要同時進行。全套動作要乾淨俐落，不要拖泥帶水，要準確、迅猛、連貫有力。

七、奪酒瓶

69.架臂推肘奪酒瓶　圖205～圖208

【動作】：

當對方右手持酒瓶由上向下向我頭、面部砸來時，我迅速向左側閃身，用左手向上格架，順勢抒抓住對方右臂腕關節，右手同時托住對方右臂肘部；左手用力下拉對方右手腕部與右手上推對方右臂肘部同時進行，將其拿住。目視對方，注意觀察其動作變化。

【要領】：

圖205

掌握好攻擊的時機，攻擊時動作要隱蔽、突然、迅猛、準確，左手用力下拉對方右手腕關節與右手上推對方右臂肘關節，兩上動作一定要同時進行。全套動作要協調、連貫、乾淨俐落。

圖206

圖207

圖 208

70。拉臂吃摔奪酒瓶　圖 209～圖 211

【動作】：當對方右手持酒瓶由上向下劈擊我頭、面部時，我迅速向左側閃身，右臂由下向上攪架對方右臂，順勢

圖 209

抓握住對方右前
臂用力下拉；上
左步，左腿緊緊
吃住黏住對方前
支撐腿，左臂前
插，由對方頸部
用力後撥，將對
方摔倒擒住。目
視對方，注意觀
察其動作變化。

【要領】：

要掌握好攻
擊的時機，右手
抓握住對方右前
臂或腕關節用力
下拉時不要輕易
鬆開，要一拉到
底；左腿緊緊吃
住對方支撐腿要
像木樁一樣，使
對方支撐腿難以
移動；左臂用力

圖 210

圖 211

後撥時，要以腰作軸，上身不要後仰，隨時注意保持自己的
身體平衡。全套動作要協調、連貫、迅猛、有力。

71. 切頸別摔奪酒瓶　圖 212～圖 215

【動作】：

當對方用右拳或右手握酒瓶向我頭、面部擊來時，我迅速用左臂向上格架其右臂，順勢向外翻轉外撥，並順勢捋抓住對方右前臂；同時上右步，右腿緊緊吃住其右支撐腿，用力後蹬，左手抓住對方右臂向左後斜方拉；右手變掌，由上向下斜劈對方左頸部，對方上下受擊被擒。目視對方，注意觀察其動作變化。

圖 212

【要領】：

左臂上架與順勢回手抓住對方右臂的動作要準確、隱蔽、適時、有力，右手斜劈擊其頸部與右腿貼地後蹬的動作要同時進行。全套動作要突然、迅猛。

圖 213

圖214

圖215

72. 摟臂折腕奪酒瓶　圖 216、圖 217

【動作】：

　　當對方右手持酒瓶由上向下向我頭、面部砸來時，我迅速向左側閃身，順勢以左手抓握住對方右手腕部；右手迅速由下向上握住對方右手腕關節掌背部，用力前推回折，使對方腕關節夾角小於 90°，對方因右腕被折疼痛難忍失去抵抗力被擒。目視對方，注意觀察其動作變化。

圖216

【要領】：

左手抓握對方右手腕部的動作要掌握好攻擊的時機，一旦抓住對方右手腕就不要輕易鬆開，要抓牢抓實，抓腕的動作要準確有力，當兩手合力前推回折對方右手腕關節時，要注意協調用力。全套動作要連貫、迅猛。

圖 217

*73.*舉臂壓肩奪酒瓶　圖 218～圖 221

【動作】：

當對方用酒瓶由上向下砸來時，我迅速向左閃身，以左手持住其右腕關節處，用力上舉，右手順其右臂向下按住其右肩關節用力下壓。左手上舉，右手下壓，將其拿住。目視對方。

【要領】：

左手持住其右臂

圖 218

用力上舉的動作要突然、有力；右手交與左手時兩手動作不要脫節；右手下壓的動作與左手上舉的動作要協調一致。全套動作要迅猛、準確、有力。

圖 219

圖 220

圖 221

74. 托槍拿奪酒瓶 圖 222～圖 224

【動作】：

　　當對方右手持酒瓶由上向下劈擊我頭、面部時，我迅速向左側閃身，躲過劈來的酒瓶，右臂上架對方右臂，回手順勢捋抓住其右腕關節，同時，左手由下向上托住對方右臂肘部，用力上托，右手抓其右腕關節用力下壓，將對方拿住。目視對方，注意觀察其動作變化。

圖 222

圖 223　　　　　　　　圖 224

【要領】：

　　掌握好進攻的時機，右手抓住對方右腕關節下壓與左手托住對方右肘部上托。兩個動作要協調用力、一齊完成。全套動作要乾淨俐落、一氣呵成。

八、奪椅子

75. 推肘抹眉奪椅子　圖 225～圖 228

【動作】：

　　當對方用椅子由上向下砸我頭、面部時，我迅速向右閃身，用左手推住對方的左肘；上右步，右腳緊緊吃住其左腳，靠緊貼實，右手按住對方額部；以腰作軸向右後轉身，同時右手用力向後、向下壓，將其摔倒或擒住。目視對方，注意觀察其動作變化。

要掌握好攻擊的時機，左手推對方左肘的動作要突然、準確、有力；上右步用右腿吃住對方左腿的動作要準確，要貼牢、貼實，像木樁一樣，使對方支撐腿難以改變位置；右手按壓其額部要一按到底，中途不要緩力，更不能中途鬆開。全套動作要乾淨俐落。

圖 225

圖 226

圖 227

圖 228

76。圈脖頂膝奪椅子　圖 229～圖 232

【動作】：

當對方雙手持椅子由上向下砸擊我頭、面部時，我迅速向右閃身，同時用左手推其左臂肘部，上右步，轉至對方身後貼緊靠實，右腿緊緊吃住其支撐腿，使對方難以轉動；用右膝向前頂擊對方右膕窩處，屈右臂，由後圈住對方頸部，用力向下、向後拉，將其擒住或摔倒。目視對方，注意觀察其動作變化。

【要領】：

要掌握好攻擊時機，左手推其左肘的動作要準確有力、突然、迅猛；右膝頂擊對方右膕窩處與右手圈對方頸部的動作要同時進行，注意動作的協調；圈住對方頸部用力向下、向後拉時要以腰作軸，身體右後轉體，千萬不要向後仰身。全套動作要協調、準確。

圖 229　　　　　　　　圖 230

圖 231　　　　　　　　圖 232

77。托臂旋擰奪椅子　圖 233、圖 234

【動作】：

當對方用椅子由正面向我頭、面部砸來時，迅速向左側閃身，躲過對方攻擊，同時用雙手托住對方雙肘，順勢抓緊抓牢，左步前插，左腿貼緊絆住對方的支撐腿，左手用力前推對方右臂肘部，右手用力回拉對方左臂肘部。對方由於身體重心不穩被摔倒。目視對方。

圖 233

【要領】：

使用托臂旋擰奪椅子招法時，左手前推對方右臂肘部與右手用力回拉對方左臂肘部，兩個動作要同時進行，動作要準確、迅猛。左步前插，左腿一定要貼

圖 234

實，貼緊，絆住對方的支撐腿，使其難以轉動，這樣才能收到好的擒拿效果。

78. 托肘踩拿奪椅子　圖235～圖238

【動作】：

當對方雙手持椅子迎面向我頭部砸來時，迅速向右閃身，用左手托住對方左臂時用力外拔，同時上右步，用腳掌踩住對方右腳內踝部位；以右腳跟為支點，屈右膝，用力下踩，對方由於內踝被踩疼痛難

圖235

圖236

圖237

忍失去平衡而摔倒。
目視對方，注意觀察
其變化。

【要領】：

使用托肘踩拿奪
椅子技法時，左手托
對方左臂肘部與前伸
右腳踩對方右踝內側
兩個動作要銜接好，
用腳掌前踩對方右腳
內踝時右腳跟不能離

圖238

地；屈右膝時整個身體重心要前移，右腳前腳掌要踩實，要
貼緊對方右腳內踝部位，左腳支撐要穩，注意隨時保持自身
平衡。全套動作要連貫、迅猛、準確、有力。

九、奪雨傘

79. 搬頸拿奪雨傘　圖239～圖241

【動作】：

當對方右手持雨傘向我頭、面部擊來時，迅速向左側閃
身，用右手將對方右臂推開，順勢上步，以左手按抓住對方
前額部位用力向後、向回扳；同時，右手用力前推其下頜
部，一扳一推將其拿住。目視對方，注意觀察其動作變化。

【要領】：

左手的向後、向回扳與右手的前推兩個動作要協調一

致，協調用力，身體要緊緊貼住對方身體，左腿要吃住對方支撐腿。全套動作要乾淨俐落。

圖 239

圖 240

圖 241

*80。*擰臂折腕奪雨傘　圖 242、圖 243

【動作】：

　　當對方右手持雨傘向我頭、面部擊來時，我迅速向左閃身用右手抓握住其右前臂，最好是右臂腕關節處，用力向順時針方向旋擰，使其右臂不能彎曲；左手抓按住對方右掌背部用力下壓，使其腕關節小於 90°，對方腕關節受力後疼痛難忍被擒。目視對方，注意觀察其動作變化。

圖 242

【要領】：

右手抓握住對方右手腕關節旋擰時雖然旋擰的是腕關節，但應該力貫其右臂根部，即拿住對方的腕、肘、肩三節，使其右臂不能彎曲。左手按壓對方右掌背部的動作要一按到底，中途不要鬆開，注意左右兩手的協調用

圖 243

力。全套動作要突然、迅猛、準確、有力。

81.絞壓絆摔奪雨傘　圖 244～圖 247

【動作】：

當對方右手持雨傘，用傘尖向我頭、面部或胸部刺來時，我迅速向左側閃身，右手抓住雨傘；同時左手抓住對方右手腕部，用力向外側擰轉；上

圖 244

右步，左後轉身，右腿緊緊貼住吃住其前伸的右腿外側，用力貼地後蹬，將其摔倒。目視對方，注意觀察其動作變化。

【要領】：

一定要掌握好進攻的時機，雙手抓握住對方雨傘向外旋擰的動作要準確、迅猛、有力；右腳後蹬時要用腳跟部，後蹬的動作要緊貼地面，千萬不要抬腳過高，失去平衡使對方有機可乘。全套動作要乾淨俐落。

圖245

圖246

圖247

82。抓別踢襠奪雨傘　圖248～圖251

【動作】：

當對方右手持雨傘由上向下向我頭、面部劈砸時，我迅速向左側閃身，右手順勢抓握住雨傘用力上掀，並向其右肩窩處回折；左手向下按壓對方右手的腕部，同時上抬右腳，用右腳踢擊其襠部，對方襠部被踢，疼痛難忍被擒。目視對方，注意觀察其動作變化。

圖248

【要領】：

使用抓別踢襠奪雨傘技法時，右手抓雨傘的動作要準確有力，一旦抓住就不要輕易鬆開；掌握好進攻的時機，攻擊之時要突然迅猛，右腳踢擊對方襠部的動作

圖249

圖250　　　　　　　　　　　圖251

要準確，踢襠與上掀回折對方雨傘雖然是兩個動作，但幾乎是同時完成。全套動作要連貫、協調。

83. 托肘跪拿奪雨傘　圖252～圖254

【動作】：

圖252

當對方右手持雨傘向我頭、面部擊來時，我迅速向左側閃身，上左步，左腳由外側吃住貼緊對方右支撐腿的內踝部位，同時，左手用力向上、向前托舉對

方右臂肘部，使其身體後仰；此時用左小腿牢牢擠住對方右小腿，用力向回45°角的方向下跪，將對方摔倒擒住。目視對方，注意觀察其動作變化。

圖253

【要領】：

掌握好進攻的時機，全套動作要突然、迅猛、準確。左手用力向上、向前托對方右臂肘部的動作和用左小腿用力回跪的動作雖然是兩個動作，但幾乎要同時完成；向回45°角的方向下跪時要一跪到底，中途不要停頓，不要鬆勁。

圖254

十、奪鐵鍬

74。雙手捋臂踢襠奪鐵鍬 圖255~圖258

【動作】：

當對方雙手持鐵鍬由上向下劈擊我頭、面部時，我迅速向左側閃身，躲過擊來的鐵鍬，右臂上架，回手抓住對方的右腕關節或右前臂；同時左手由下向上托抓住對方的右臂肘部，兩手合力用力回拉；迅速上抬右腳，以穿襠腳攻擊對方襠部，對方襠部被擊疼痛難忍被擒。目視對方，注意觀察其動作變化。

【要領】：

掌握好攻擊的時機，當左右兩手抓住對方右臂回拉時，

圖255

要協調用力，要準、要猛，一拉到底，中途不能輕易鬆開；抬右腳用穿襠腳踢擊的動作要準、要有力。全套動作要協調連貫、乾淨俐落。

圖 256

圖 257

圖 258

85. 抒抓砍頸奪鐵鍬　圖 259～圖 262

【動作】：

當對方用鐵鍬由上向下劈擊我頭、面部時，我迅速向左

圖 259

側閃身，用右手向上架，順勢将抓住對方右前臂（或鐵鍬把），用力向下、向後拉；上左步，同時左手變掌，用掌砍劈對方後頸部，對方頸部受擊失去抵抗能力被擒。目視對方，注意觀察其動作變化。

圖 260

【要領】：

要掌握好進攻的時機，右手抓握對方右前臂的動作要突然、要快、要準確，一旦抓住就不要鬆開；左掌砍劈的動作要迅猛、準確，注意全套動作的協調配

圖 261

合。全套動作要乾淨俐落，不要拖泥帶水。

圖 262

86。抒抓別摔奪鐵鍬　圖 263～圖 265

【動作】：

當對方雙手握鐵鍬由上向下劈擊我頭、面部時，迅速向右側閃身，避開鐵鍬鋒芒，左臂上架，順勢抒抓住對方左右兩臂用力下拉；右腿前邁，吃住對方支撐腿用力後蹬，右手用力擊打對方頸部或後背部，將其摔倒擒住。目視對

圖 263

方，注意觀察其動作變化。

【要領】：

掌握好攻擊的時機，進攻要隱蔽、突然、迅猛、準確有力；左手摟抓對方左右兩臂用力下拉與右腳後蹬、右手用力擊打三個動作幾乎同時進行；右腳後蹬時一定要貼地後蹬，不要抬腳過高，隨時注意保持自己的身體平衡。全套動作要協調連貫、乾淨俐落。

圖 264

圖 265

87。拉肩蹬膝奪鐵鍬 圖266～圖269

【動作】：

當對方雙手持鐵鍬由上向下向我頭、面部劈擊時，迅速向左側閃身，躲過對方劈來的鐵鍬，用右臂向上格架，同時上左步轉到對方身後，雙手拉住對方雙肩用力向後、向下拉；同時用右腳蹬擊對方右膝關節膕窩處，將對方蹬倒。目視對方，注意觀察其動作變化。

圖266

【要領】：

掌握好攻擊的時機，雙手拉肩與蹬膕窩處兩個動作要同時進行。右臂上格與上左步轉到對方身後的動作要連

圖267

133

貫協調，轉到對方身後一定要掌握好距離，既要保持身體平衡，又要便於右腳的蹬踏。全套動作要乾淨俐落、迅猛準確。

圖 268

圖 269

88. 捋抓擊襠奪鐵鍬　圖 270～圖 272

【動作】：

當對方雙手握鐵鍬由上向下劈擊我頭、面部時，我迅速向右側閃身，左臂向上格架，順勢捋抓住對方左臂用力下拉；上左步，同時用右掌擊打對方襠部，對方襠部受擊疼痛難忍被擒住。目視對方，注意觀察其動作變化。

圖 270

【要領】：

要掌握好進攻的時機，左臂用力下拉對方左臂與上左步用右掌擊打對方襠部的動作要同時進行。全套動作要突然、迅猛、協調、準確。

圖 271

圖272

89. 拉肘絆摔奪鐵鍬　圖273～圖275

【動作】：

當對方雙手持鐵鍬由上向下向我頭、面部劈來時，迅速向右側閃身；上右步，右腿緊緊吃住黏住對方支撐腿，右臂由對方左臂下前插拉住對方右臂肘部，用力回拉；左手輔助右手動作，前推對方左臂肘部，同時吃住對方支撐腿的

圖273

右腳用力貼地後蹬,將對方摔倒。目視對方,注意觀察其動作變化。

【要領】:

要掌握好攻擊的時機,右手回拉對方右臂肘部和左手輔助推對方左臂肘部的動作與右腳貼地後蹬後絆三個動作要同時進行。全套動作要突然、迅猛、準確、協調。

圖274

圖275

90. 拉臂踢襠奪鐵鍬　圖 276～圖 279

【動作】：

當對方雙手握鐵鍬由上向下劈擊我頭、面部時，我迅速向左側閃身，右臂由下向上格架對方右臂，順勢拉住對方右臂；左手由下向上托住對方右臂肘部，兩手合力回拉，同時起右腳踢擊對方襠部，對方襠部被擊疼痛難忍被擒。目視對方，注意觀察其動作變化。

圖 276

【要領】：

掌握好攻擊時機，兩手合力回拉對方右臂與右腳踢擊對方襠部的動作要同時進行。全套動作要連貫、協調、迅猛、準確、有力。

圖 277

圖278

圖279

第 二 章
基本功練習 20 法

*1.*刺閃練習　圖 1～圖 3

甲：右手持匕首，向乙頭、面部直刺。

乙：見甲匕首刺來，迅速向左側躲閃。

甲：右手持匕首，再次向乙方頭、面部直刺。

乙：見甲匕首刺來，迅速向右側躲閃。

如此反覆練習。

【要領】：

（1）見匕首刺來時，不要過早躲閃，要躲閃得恰到好

圖 1

圖 2

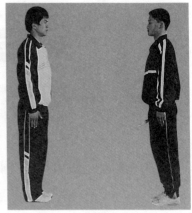

圖3 　　　　　　　　　　　圖4

處，千萬不要離對方過遠，應以既能避開對方刺來匕首的鋒
芒，又能迅速還擊對方為最佳距離。

（2）兩人要相互配合練習。

2。轉身練習　圖4～圖6

甲：右手持匕首，向乙方頭、面部或胸部刺來。

乙：迅速右轉身，躲過刺來的匕首。

甲：改用左手持匕首，向乙方頭、面部或胸部刺來。

乙：迅速左轉身，躲過甲方刺來的匕首。

如此反覆練習。

【要領】：

（1）轉身躲閃動作要到位。躲閃轉身動作不要過大，
要恰到好處。

（2）目視對方的動作變化。

（3）兩人要互相配合練習。

圖5　　　　　　　　　　圖6

3。架臂練習　圖7~圖9

甲：右手持匕首，向乙方頭、面部刺來時。

乙：迅速撤左步，用右臂上架。

甲：改用左手持匕首，向乙方頭、面部刺來時。

乙：迅速撤右步，用左臂上架。

如此反覆練習。

【要領】：

（1）動作要協調，注意手腳的配合。

（2）撤步不要過大，要恰到好處。

（3）兩人要相互配合練習。

圖7

圖 8

圖 9

4。抓腕練習　圖 10～圖 13

甲：右手持匕首，向乙方頭、面部或胸部直刺。

乙：右手由上向下抒抓甲方右腕部。

圖 10

圖 11

甲：改用左手持匕首，直刺乙方胸部。

乙：改用左手，由上向下捋抓甲方腕部。

如此反覆練習。

【要領】：

（1）注意手與腳的配合。

（2）抓握要準確、有力，動作要突然。

（3）撤步不要過大，要以剛剛避開對方刺來的匕首，

圖 12

圖 13

又能及時夠上對方為佳。

（4）兩人要相互配合練習。

5。外刨練習　圖 14～圖 17

甲：右手持匕首，向乙方頭、面部或胸部直刺。

乙：撤左步，避開匕首鋒芒，同時用右手由上向下外刨甲方右前臂。

甲：改用左手持匕首，向乙方頭、面部或胸部直刺。

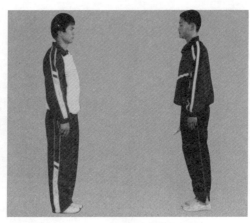

圖 14

乙：撤右步，避開匕首鋒芒，左手由上向下外刨甲方左前臂。

如此反覆練習。

【要領】：

（1）用手外刨和撤步的動作要協調，注意身體與手的配合。

圖 15

（2）刨開對方前臂不要忙於脫身，要從中體會貼、黏、連、隨的勁道。

（3）撤步不要太大，要以剛剛避開對方匕首又能及時搆上對方為佳。

圖 16

圖 17

6. 托肘練習　圖 18～圖 21

甲：右手持匕首，直刺乙方頭、面部或胸部。

乙：撤右步，用左手推托甲方右臂肘部，向對方嘴的部

圖 18

圖 19

位用力前推。

　　甲：改用左手持匕首，直刺乙方頭、面部或胸部。

　　乙：撤左步，用右手向甲方嘴的位置用力推托。

　　如此反覆練習。

圖 20

圖 21

【要領】：

（1）撤步不要過大，要恰到好處。

（2）托對方肘部時身體要向前擠。

（3）向前推托對方肘部時一定要向其嘴部用力推托。

7。上步架臂練習　圖22～圖24

甲：右手持匕首向乙方頭、面部刺來。

乙：迅速上左步，用右臂上架甲右臂。

甲：撤步，改用左手持匕首，向乙方頭、面部刺來。

乙：迅速上右步，用左臂上架甲左臂。

如此反覆練習。

【要領】：

（1）動作要協調，注意手腳配合。

（2）上步要恰到好處，不要過大和過小。

（3）兩人要互相配合練習。

圖22

圖 23

圖 24

8。夾臂練習　圖 25～圖 28

甲：右手持匕首，直刺乙方胸部。

乙：迅速用左手由下向上攬架甲方右臂，並順勢捋抓，

圖 25

圖 26

將甲方右臂夾於自己左腋下。

　　甲：改用左手持匕首，直刺乙方胸部。

　　乙：迅速用右手由下向上攪架甲方左臂，並順勢捋抓將甲方左臂夾於自己右腕下。

圖27　　　　　　　　圖28

如此反覆練習。

【要領】：

（1）向上攬架對方前臂時一定要貼住黏住中間，不要留有縫隙。

（2）注意手腳的配合，動作要協調。

（3）兩人要互相配合練習。

⑨。單手推臂練習　圖29～圖31

甲：右手持匕首，向乙方頭、面部或胸部直刺。

乙：向左側閃身，撤右步，用左手推甲方右臂。

甲：改用左手持匕首，向乙方頭、面部或胸部直刺。

乙：向右側閃身，撤左步，用右手向外推甲方左臂。

如此反覆練習。

【要領】：

（1）動作要協調，注意手腳的配合。

（2）推對方前臂的手要推實推準，不要挨一下就離開。

（3）兩人要互相配合練習。

圖 29

圖 30

圖31

10. 雙手外推練習　圖32～圖35

甲：右手持匕首，向乙方胸部刺來。

乙：撤右步，右轉身，用雙手向外推甲方右臂。

甲：改用左
手持匕首，向乙
方胸部刺來。

　乙：撤左
步，左轉身，用
雙手向外推甲方
左臂。

　如此反覆練
習。

　【要領】：
　（1）動作

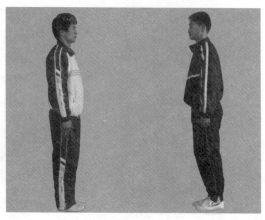

圖32

要協調注意手腳的配合。

（2）轉體動作不要過大，要恰到好處。

（3）兩人要互相配合練習。

圖 33

圖 34

圖 35

11. 雙手捊抓練習　圖 36～圖 39

　　甲：右手持匕首，向乙方胸部刺來。

　　乙：撤右步，右手上架，順勢捊抓住甲方右前臂，同時左手由下向上托住甲方右肘關節，用力後拉。

　　甲：改用左手持匕首，向乙方胸部刺來。

　　乙：撤左步，左手上架，順勢捊抓住甲方左前臂，同時右手由下向上托住甲方左肘關節，用力後拉。

　　如此反覆練習。

圖 36

【要領】：

（1）撤步與兩手捋抓要同時進行。

（2）上架時要避開匕首鋒芒。

（3）兩人要相互配合練習。

圖 37

圖 38

圖 39

12. 刨打練習　圖 40～圖 43

甲：右手持匕首，直刺乙方胸部。

乙：迅速向後撤左步，用左手外刨甲方右臂，同時右手變掌，由後向前擊打甲方頭、面部。

甲：改用左手持匕首，直刺乙方前胸。

乙：迅速向後撤右步，用右手外刨甲方左臂，同時左手變掌，由後向前擊打甲方頭、面部。

如此反覆練習。

圖 40

【要領】：

（1）撤步、外刨、擊掌雖然是三個動作，但要同時完成。

（2）動作要協調，注意手腳的配合。

（3）兩人要互相配合練習。

圖 41

圖 42

圖 44

*13.*按打練習　圖 44～圖 47

甲：右手持匕首，直刺乙方胸部。

乙：迅速用左手下按甲方右臂，同時用右拳直打甲方頭、面部。

甲：迅速撤步，改用左手持匕首，直刺乙方胸部。

圖 44

乙：上右步，右手下按甲方左臂，同時用左拳擊打甲方頭、面部。

如此反覆練習。

【要領】：

（1）注意手腳配合，動作要協調一致，步到手到。

（2）下按要恰到好處，要避開對方匕首鋒芒。

（3）兩人要互相配合練習。

圖 45

圖 46

圖 47

14. 進步穿掌練習　圖 48～圖 51

甲：右手持匕首，向乙方胸部直刺。

乙：上左步，用左手外刨甲方右臂，同時右手變掌，直戳甲方雙目。

甲：撤步，改用左手持匕首，向乙方胸部直刺。

乙：上右步，用右手外刨甲方左臂，同時左手變掌，直戳甲方雙目。

如此反覆練習。

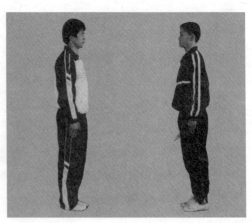

圖 48

【要領】：

（1）注意手腳配合，動作要協調連貫。

（2）上步時要保持身體平衡，不要向後仰身。

（3）兩人要相互配合練習。

圖 49

圖 50

圖51

15. 刨踢練習　圖 52～圖 55

甲：右手持匕首，向乙方胸部刺來。

乙：迅速用左手由上向下、向外刨出，同時抬右腿，用正蹬腳踢擊對方前胸。

甲：改用左手持匕首，向乙方胸部刺來。

乙：迅速用右手由上向下、向外刨出，同時上抬左腿，用正蹬腳踢擊對方前胸。

如此反覆練習。

圖52

【要領】：

（1）注意手腳配合，動作要協調連貫。

（2）踢正蹬腳時要注意保持自己身體的平衡。

（3）兩人要相互配合練習。

圖 53

圖 54

圖 55

16。刨切練習　圖 56～圖 59

甲：右手持匕首，直刺乙方胸部。

乙：迅速向前上右步，同時用右手外刨甲方右臂，左手變掌，用掌切擊甲方頸部。

甲：撤步，改用左手持匕首，直刺乙方前胸。

乙：迅速向前上左步，同時用左手外刨甲方右臂，右手變掌，用掌切擊甲方頸部。

如此反覆練習。

圖 56

x

奪凶器基本技法

168

【要領】：

（1）上步、外刨與掌切擊三個動作要同時完成。

（2）注意動作協調。

（3）兩人要互相配合練習。

圖 57

圖 58

圖 59

17. 外刨蹬膝練習　圖 60～圖 63

　　甲：右手持匕首，直刺乙方胸部。

　　乙：迅速用左手外刨甲方右臂，同時用右腳蹬擊甲方膝部。

　　甲：撤步，左手持匕首，直刺乙方胸部。

　　乙：迅速用右手外刨甲方左臂，同時用左腳蹬擊甲方膝部。

　　如此反覆練習。

圖 60

【要領】：

（1）外刨與蹬膝的動作要同時進行。

（2）注意手腳的配合。

（3）兩人要相互配合練習。

圖 61

圖 62

圖 63

18。捋打練習　圖64～圖67

甲：右手持匕首，向乙方胸部直刺。

乙：上左步，右前臂由下向上格架，回手捋抓甲方右臂同時用左拳擊打甲方頭、面部。

甲：撤步，改用左手持匕首，向乙方胸部直刺。

乙：上右步，左前臂由下向上格架，回手捋抓甲方左臂，同時用右拳擊打甲方頭、面部。

如此反覆練習。

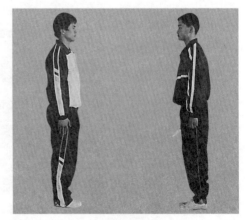

圖 64

【要領】：

（1）上步捋抓與擊打對方頭、面部的動作要協調。

（2）捋抓與擊打要同時進行。

（3）兩人要相互配合練習。

圖 65

圖 66

第二章 基本功練習20法

圖 67

19. 抒抓擊肘練習　圖 68～圖 71

　　甲：右手持匕首，向乙方頭、面部直刺。

　　乙：迅速用右臂向上格架，順勢抒抓甲方右臂，上左步，用左肘頂擊甲方肋部。

　　甲：撤步，同時改用左手持匕首，直刺乙方頭、面部。

　　乙：迅速用左臂向上格架，順勢抒抓甲方左臂，上右步，用右肘頂擊甲方肋部。

　　如此反覆練習。

圖 68

【要領】：

（1）注意手腳的配合，動作要連貫協調。

（2）擊打對方頭部要借用身力。

（3）兩人要相互配合練習。

圖69

圖70

圖71

20. 捋抓勾踢練習 圖 72～圖 75

甲：右手持匕首，直刺乙方頭、面部。

乙：迅速用右手向上攪架，順勢捋抓甲方右前臂，同時用左腳勾踢甲方前支撐腿。

甲：改用左手持匕首直刺乙方頭、面部。

乙：迅速用左手向上格架，順勢捋抓甲方左前臂，同時用右腳勾踢甲方前支撐腿。

如此反覆練習。

【要領】：

（1）注意手腳的

圖72

奪凶器基本技法

配合，動作要協調有力。

　（2）勾踢時腳不要抬得過高，隨時保持自己的身體平
衡。

　（3）兩人要相互配合練習。

圖 73

圖 74

圖 75

第三章
學習與應用

一、人體要害部位簡介

（一）頭、面部

頭部是人體的中樞，它由顱與面兩部分組成。顱由二十三塊骨組成，除下頜骨、舌骨外，其餘顱骨均以縫式軟骨連結在一起，彼此間不能活動。顱可分為腦顱和面顱。腦顱位於顱的後上方，構成顱腔，保護著腦，面顱位於顱的前下方，構成骨性口腔，並與腦顱共同圍成骨性鼻腔和眼眶，以維持面部形態，同時起著保護作用。

1. 太陽穴

顱骨大部分以縫的形式連結，小部分以軟骨連結形式相連結。以關節形式連結的僅有下頜關節。顱骨平均厚度均為5毫米，最厚處約1公分。而太陽穴處平均厚度只有1～2毫米，醫學上稱此處為翼點，薄而脆弱。腦表面的腦膜中動脈又從此處經過。

擊打太陽穴很容易骨折，重則引起腦血管破裂致死；輕則直接震蕩大腦，使人視線模糊眩暈，失去抵抗能力。

2。風府穴

風府穴屬督脈穴位，為腦與脊髓相連的通路。擊打此處可直接引起寰椎關節與枕骨大孔相錯。輕者造成腦脊神經損傷、暈厥，重者當即死亡。

3。後腦部

後腦也是頭部薄弱的要害部位。擊打震動後引起眩暈或造成顱內出血、腦損傷而死亡。

4。兩耳部

兩耳有大量的神經和血管通過，同時擊打兩耳，由外耳刺激震盪耳前庭器和蝸器，引起眩暈。重者導致耳聾或震盪刺激腦神經，造成休克，使對方失去抵抗能力。

5。百會穴

百會穴位於頭頂正中，是顱骨連結的冠狀縫與矢狀縫的交點，是督脈經穴位，也是頭部薄弱的部位。此處受到打擊後，輕者引起眩暈，重者造成腦損傷、顱內出血死亡。

6。印堂穴

印堂穴位於兩眉之間，鼻骨與淚骨位居於此。鼻骨孔由小靜脈和篩前神經分支通過。同時還有額內側動脈、內眥動脈、篩前動脈、鼻背動脈。

淚骨又薄又脆，受到擊打後會大量出血，淚流不止，從而減弱或喪失抵抗能力。

7.眼部

眼睛包括眼球、眼瞼、眼肌和其他輔助結構。眼球前部稍凸後部略扁。後部靠近鼻側部位有視神經和腦相連。

眼球偽壁由三層被膜構成，內有透明的內容物為折光裝置。眼睛裸露在外，很容易遭到擊打，因此，應特別注意加強保護。

（二）頸 部

頸部位於頭、胸間。頸椎將顱骨與胸椎連接在一起。頸椎由7個椎骨組成。頸椎的重要關節是寰枕關節的寰關節，它們是顱骨大腦與脊髓、身體和頭部連接的樞紐。頸椎的特徵是橫突上有橫突孔，並且有椎動脈通過，並發出八對頸神經，形成頸叢神經和臂叢神經。它是人體主要的呼吸通道，是人體供給大腦血液的惟一通道。

頸部遭到擊打後會損傷和阻斷對大腦中樞神經的供血，損傷頸部諸神經和淋巴、阻斷人體呼吸，輕者使對方窒息、昏厥，重者死亡。

（三）左右兩肋

肋骨共十二對，左右對稱排列。每一肋均由肋骨和肋軟骨構成。肋骨為細長的弓形扁骨，分為體和前、後兩端。

體，在內面近下緣處有一淺溝，肋間血管、神經沿此溝通過。在肋結節外側，肋骨急劇地轉向前下，形成肋角。

前端，接肋軟骨。其中第1～7肋軟骨直接連於胸骨，稱為真肋。第8～10肋軟骨與上位肋軟骨相連，形成肋弓。

第 11～12 肋前端游離，稱為浮肋。第 8～12 肋總稱假肋。

後端，膨大稱肋頭，其關節面與胸椎的肋凹形成關節。肋頭的後外側有肋結節，肋結節關節面與橫突肋凹形成關節。右側是心區，右側也是肝臟上部。兩肋受到擊打後，易使心臟受到震蕩刺激或由於肋骨內向骨折，致使心臟、肝臟損傷，導致大量出血死亡。

（四）胸骨下角（心口窩）

胸骨下角是中心兩側肋弓和劍突共同形成的。胸骨劍突部位俗稱心口窩。心口窩後面有心臟下部，下緣是肝與胃的重疊處。

劍突由軟骨組成，此處又無肋骨保護。擊打胸骨下角會直接震蕩心臟，出現胸悶、呼吸困難。嚴重時還會出現胃充血、肝臟破裂、心臟震顫等症狀，甚至死亡。

（五）腹部

腹部位於胸與骨盆之間。由腰椎、椎和骨盆相連。它包括腹壁、腹膜腔和腹腔臟器。腹膜內位器官除系膜式韌帶的附著部外，各面均被腹膜覆蓋的臟器，屬於腹膜內位器官。如胃、空腸、回腸、盲腸、闌尾、橫結腸、乙狀結腸、卵巢、輸卵管和脾等。

三面或大部分為腹膜覆蓋的臟器，屬於腹膜間位器官，如升結腸、降結腸、腎、子宮和膀胱等。

腹膜外位器官，只有一面為腹膜覆蓋的臟器，如十二指腸降部、胰、腎上腺、腎和輸尿管等。腹部遭到擊打，會引起劇烈疼痛，喪失抵抗能力。

（六）會陰部

盆腔內有重要的臟器如膀胱，盆腔外有外生殖器。外生殖器包括陰莖和陰囊。陰囊是腹壁的特殊膨出部分，內藏睪丸、附睪和精索下部。會陰部神經非常豐富。當遭到擊打時，會產生劇烈疼痛。重者還會引起睪丸、膀胱破裂，導致休克或死亡。

（七）背部心俞穴

心俞穴俗稱後心。人體後背第五胸椎至第九胸椎之間是心區。後心區沒有較厚的保護層，遭到擊打後，可直接震蕩刺激心臟，使對方喪失抵抗能力，甚至死亡。

二、人體知識在擒拿奪凶器中的應用

要儘快掌握擒拿技術，就要學其法、明其理。我們擒拿的對象是人，所以首先應該了解人，了解人體結構，人思維活動的規律，人的心理因素、生理因素，人體的要害、薄弱部位……只有掌握了上述規律，才能正確理解擒拿技術，掌握正確的發力、正確的用力順序，理解掌握擒拿技術動作要領。

人的運動系統由骨、骨連結和骨骼肌三部分組成，三者密切聯繫，相互依托。骨是運動的槓杆，骨連結起著樞紐作用，骨骼肌則是運動的動力部分。

成人的骨共有 206 塊，多數是成對的，只有少數骨不成對，青少年在骨化完成以前，骨的數目多於成人。

人體骨骼分為中軸骨和附肢骨兩大部分，運動系統的功能是多方面的，首先在於使軀體在空間移動及使身體各部分相互關係發生變動，並能維持人身體各部分以及整體的姿勢、位置，除此還有支持體重構成人體基本外形、保護腦髓和內臟、協助內臟進行活動等等。

人體骨一般分為長骨、短骨、扁骨、不規則骨四類。骨的內部構造又分骨膜、骨質和骨髓，骨的化學成分由有機物和無機物構成。骨的有機物使骨具有彈性，無機物使骨具有堅固性。

從力學觀點分析，骨的結構有以下幾個特點：

骨小梁是按照一定的次序排列的，一部分骨小梁與壓力方向一致，組成壓力曲線；另一部分骨小梁與牽引力方向一致，組成張力曲線。骨小梁的這種配布，使骨以最小的材料便可達到最大的堅固性。

據研究，新鮮的骨能承受 15 公斤／平方毫米的壓力，並且具有幾乎相等的抗張力。骨受到壓縮負荷時，是透過兩端傳遞壓力的。根據運動生物力學的分析測定，骨的壓縮負荷、拉張負荷、彎曲負荷都較強，而它的扭轉負荷卻比較弱，也就是骨的扭轉強度較小。

人體全身骨與骨之間以一定的結構相連，稱為骨連結，骨的連結分為兩類：直接連結和間接連結。

直接連結根據骨間連結組織的不同，又分為纖維連結和軟骨連結。這種沒有任何間斷和縫隙的連結，它活動範圍非常小或完全不能活動，故又稱不動關節。

間接連結又稱滑膜關節，簡稱關節。關節的基本結構，包括關節面及關節軟骨、關節囊和關節腔。

關節面及關節軟骨、骨關節面是指連結骨相鄰的骨面，一般為一凸一凹，即關節頭與關節窩。

　　關節軟骨具有彈性，可承擔負荷，減緩震動和防止骨關節面的磨損，以及增加關節的靈活性。它覆蓋在骨關節面上，附在關節面周緣的骨面上。包住關節四周的叫關節囊，分為內、外兩層：外層為纖維層，內層為滑膜層。在某些關節，纖維層局部增厚，形成韌帶，以加強關節的穩固性，制止關節過度運動。滑膜層薄而光滑，含有豐富的血管和淋巴管，能分泌少量滑液，潤滑關節和滋養關節軟骨，並有吸收的功能。關節囊滑膜層與關節軟骨之間圍成關節腔，內含少量滑液。關節腔內呈負壓，低於大氣壓，這對維持關節的穩固性有一定作用。

　　為適應特殊功能的需要，分化的一些結構稱它為關節的輔助結構。關節的輔助結構主要有韌帶、關節內軟骨、關節唇、滑液囊和滑膜關節的輔助結構。分別有增加關節的穩固性、限制關節過度運動及其避免關節面過大的撞擊和磨損、減少肌腱與骨之間的摩擦等等。

　　關節的運動形式與它的形態結構密切相關。各關節面的形狀不同，其運動形式也就不同，每一關節的運動都可以說是圍繞著一定的軸進行的。人體的關節可分為單軸關節、雙軸關節和多軸關節三大類。

　　單軸關節只能圍繞一個軸運動，如：滑車關節，其關節面形似滑車，像手指間關節，它們只能繞一個軸做屈伸運動。又如：車軸關節、橈尺近側與遠側關節，關節面的一面像圓柱狀，另一面為環狀或部分環狀，只能繞垂直軸做旋轉運動。

雙軸關節，是指可繞兩個運動軸運動的關節，如橢圓關節（橈腕關節），關節頭呈橢圓形凸面，關節窩為橢圓形的凹面，能繞冠狀軸做屈伸運動和繞矢軸做內收、外展運動，也可一定程度的做環轉運動，又如：鞍狀關節（腕掌關節），兩骨的關節面都呈馬鞍狀，可做十字形交叉結合，可做屈伸與內收外展運動，還可稍做環轉運動。

　　多軸關節，具有三個互相垂直的運動軸，可做多種方向的運動。如：平面關節（腕骨間關節），關節面接近平面，可做滑動。因此是多軸關節的一種形式。典型的多軸關節是球窩關節，關節的頭呈球狀，關節窩與它相適應。關節窩小而淺，因而它是人體活動範圍最大的關節。如：人體的肩關節，可做屈伸、內收、外展、旋外和環轉運動。

　　關節囊的厚薄與鬆緊度，韌帶的多少與強弱，肌肉的力量，關節的類型都影響關節運動的幅度。我們了解了骨和骨連結，在實施擒拿中就能夠根據不同位置、不同的關節，採取相應的技術控制關節，應用不同的扭轉力量，扭轉方向，損傷破壞韌帶，使肌肉和關節喪失戰鬥力。

　　我們在研究學習擒拿技術時，除研究掌握關節之外，還要重點掌握人體神經的走向。神經系統是人體主要的機能調節系統，人體各器官系統的活動，都是直接或間接地在神經系統控制下進行的。

　　神經組織是由神經元與神經膠質構成的。神經元是神經系統的結構與機能的基本單位，神經系統可分為中樞神經與周圍神經系統兩部分。中樞神經系統由腦和脊髓所組成。腦又分為大腦、間腦、腦幹及小腦。由腦和脊髓發出的神經纖維構成周圍神經系統。

神經系統的機能是很複雜的，但它的基本活動方式就是反射。中樞神經系統由感受器和傳入神經接受刺激而產生感覺，又透過傳出神經支配各效應器的活動，人的思維和意識活動，就是大腦皮質一定神經反射活動的產物。

我們了解了神經對人體活動的重要意義及進一步研究神經的走向後，就可以在實施擒拿中正確地選擇掐拿和擊打的部位，取得好的擒拿效果。

神經多沿骨幹與血管伴行，大多處在肌群的深處，外邊有較厚的肌群保護。但是它通過關節或是人體一些特定部位時，常常會出現外邊肌群較薄甚至沒有了肌群保護的現象。例如頸椎部，如果在搏鬥時對頸椎實施切打、扳擰、旋擰、頸椎錯動，必然會傷其中樞神經，給對方造成傷害，重者死亡。又如：肘關節鷹嘴溝處，尺神經由此通過，肌群非常薄，如果我們在擒拿過程中，對肘關節實施掐拿或擊打，該部位極容易受損，會直接傷及尺神經，造成對方前臂痛麻、無力，以及臂不能抬起等現象，從而失去抵抗的能力。

由於本書主要介紹擒拿的練習方法和擒拿的技法，所以有關神經的作用、走向……就不多寫了。希望習武者參閱有關運動解剖、運動生理方面的書籍資料，進一步加深研究。

三、奪凶器必備的素質

（一）良好的技術戰術

中華武術經過幾千年的演化形成了博大精深的完整體系，少林、武當、峨眉、崑崙各大派系百態千姿，誰能說清

究竟有多少種招法。

傳統武術搏擊時講究打的是一身之法，頭、肩、肘、腕、胯、膝、腿、腳等身體的每個部位都能為技擊服務。中國跤術中就有大拌三百六、小拌賽牛毛之說。

僅以拳法為例，除常用的幾種外，劈拳、砸拳、崩拳、轉環拳、抽撤拳、栽拳、折疊拳、搬攔拳、進步拳、退步拳、纏絲拳……和由此而組合的連環拳，其他如頭撞、臂別、肩靠、膝頂、肘擊、腳踢也有多種多樣，以我在中央電視臺主講的上百種擒拿術來說，左旋右轉、躥、蹦、跳、躍、閃、展、騰、挪，靈活多變的步法，就足以顯示遠踢、近打、靠身摔拿，「起如電、落如風，追風趕月不放鬆；起如風，落如電，打倒還嫌慢」的搏擊態勢。

擒拿搏擊術是一種綜合技戰術，並非僅是簡單的一拳一腳、一招一勢的得失。它得憑借精熟多樣的實戰技法，隨機應變的戰略戰術才能制服人。談到戰略戰術，不能不提起老祖宗流傳下來的極其深刻的軍事思想。

荀子曾說：手臂的攻防方法一般先頭、目部，再胸、腰部。因而交鬥時，一般多採用先虛驚後實擊、打上擊下的戰術。莊子曾將這種戰術概括得更加明確：「且以巧鬥者，始乎陽，常卒乎陰泰至則多奇巧。」

著名軍事家孫子在最古老的兵書《孫子兵法·虛實篇》中曾這樣說到：「避實而擊虛。」怎樣做到避實擊虛呢？第一，要使我方處於主動地位，使敵方處於被動地位，把主動權掌握在自己手裡；第二，要出其不意，攻其不備，打擊敵方空虛之處；第三，要集中自己的兵力，並設法分散敵方的兵力，造成戰術上的我眾敵寡。

這裡孫子指出，運用避實擊虛的作戰方針，要從分析敵情出發，要隨形勢變化而變化，因為戰爭過程中的眾寡強弱、攻守、進退等等關係均處在急劇變化之中，「水因地而制流，兵因敵而制勝，故兵無常勢，水無常形，能因敵變化而取勝者謂之神。」

古代軍事家韓非、諸葛亮、岳飛都有自己獨特的戰略戰術思想。從老祖宗流傳下來的極其深刻的軍事思想中提取豐厚的營養，加以充實、提高，便可形成獨特風格，形成破敵制勝、一招定乾坤的看家本事和壓箱底的絕招。

（二）懂得勁力

我在這裡所講的力絕不單單指一拳之力、一腳之力、一肘之力、一膝之力，而是要發揮全身之力，這就是傳統武術中所要求的整體之力。

什麼是整體勁力呢？就是完全而堅定的，有多大力氣使多大力量地全身心投入。就好比房樑上懸吊著巨鐘，假如我們用小錘敲打，不過發出噹噹的響聲；如果用垂吊的滾木悠起去撞擊銅鐘，其音洪亮，鳴響不已。如果我們練就這種整力、滲透之力、破擊之力，其效果當然勢不可擋。

中國傳統武術非常注意勁力的培養，特別是整體勁力的訓練。武諺中說：「手是兩扇門，全憑腿打人。」為什麼？因為用腿攻擊對方時，搆得遠，幅度大，力度強，運動猛，能發出比上肢更大的攻擊力。有的武諺中還說：「一力降十會。」當然這話還不夠全面，但也有一定道理：比如一個未成年的頑童學了不少招法，且已運用自如，可遇到的對手是一個身高力大的成年壯漢。由於力量懸殊太大，再好的招

法，也無能為力。

我並不否認招法和技法的重要，但是好的招法、技法必須在一定的條件下，有一定的力量作基礎、作後盾，才能更好地發揮和運用。人們常講「四兩撥千斤」，講的是巧力、化力，以橫力破豎力，這在搏擊中非常重要，但還不夠完善，一定要加上後半句話：「千斤力在後。」「四兩撥千斤，千斤力在後」這樣才完善、全面、科學。

就好像吊車前臂要吊起幾噸重的東西，車後必須要有相應的重量作後盾，如果我們在搏擊中技法全面、招勢純熟，能練出傳統武術中所講的勁力：起於腳，載於腰，行於整力、整勁，必然會在驚心動魄的搏殺中穩操勝券。

（三）抗擊打能力

幾千年來，中華民族在血與火的鏖戰中，在挨打與反擊的肉搏中換來的經驗之一就是「要想制勝人，先學會挨打」「不會挨打，就不會打人」。會挨打，就是要抗得住、頂得住對方的攻擊與擊打，抗都抗不住，怎麼制服別人呢？

快速、快節奏的搏殺擊打過程中，絕不可能像電影和小說描寫的那樣一拳一腳都沒挨上就取勝了。因此，只有用純熟的身法、步法、技法的巧妙變化，用我們固若金湯的防禦手段護住自己的要害部位，才能盡量少挨打並順勢化開對方的力，做到將挨打率降到最低點。

抗擊打整體能力的出眾與否，以及抗擊打過程中反擊或攻擊時機掌握得好與壞，都是實戰搏擊中出奇制勝的永恆主題，武譜云：「打即是封，封即是打，打打封封，封封打打。」闡述的就是攻與防之間的辯證關係：防是為了攻，要

防中有打、打中有防、防打得當，才能出奇制勝。

　　中國傳統戰術圍繞著抗擊打能力的培養，形成了一整套訓練方法，如「頭功」「襠功」「椿功」「排打功」「鐵尺拍肋功」「金鐘罩鐵布衫功」等等，這些基本功恰恰是用之有效、立於不敗的搏擊功法。如忽略不練，一朝動手，必被人打趴下。因此，抗擊打防禦能力，攻防時機的掌握是擒拿、奪凶器技法中首先應具備的基本特質。

（四）良好的心理素質

　　今天我們所講的心理素質應該理解為抵禦外界干擾的心理承受能力。遇到挫折、失利、失敗，甚至遇到危險或突發事件，能夠迅速調整自己的心態，審時度勢，遇險不驚，動作靈活、準確、得當。

　　傳統武術搏擊就得特別注重心理素質的培養。練功中講究「心法」。無論榮、辱、順、逆，何時何地都能保持一種平和、平穩的良好心態、心境。如果精神散漫，動作就會疲杳，思想緊張，肌肉必然僵硬、變化不靈。人們常講「冬練三九，夏練三伏」，就是由天氣的變化既鍛鍊筋骨，又磨練意志，不怕嚴寒，不怕酷暑，養成不達目的決不罷休的堅韌品格。

　　寫到這裡，我想起一個傳說，早年有位武僧禪師，為慈善事業募捐而當眾燃指，禪師把手指用火點燃成火燭，口中誦經不斷，小手指燃燒不絕，吸引善男信女們聚來圍觀捐助，直到手指被燒去一截。這種高超的「心法」表現出何等的心理素質和精神境界啊。

　　雖然我們不提倡這種帶有自殘性的訓練，但這種動心忍

性、超越自我的心理狀態和心理素質所體現的，確是一種超常的心靈承受力。我們提倡以百折不撓的外部力量訓練來表現一個人的心理和精神狀態，進而創造出攻無不克的戰績。

四、防奪凶器的原則與要求

（一）沉著冷靜，審時度勢

人們常講膽大心細，遇事不慌，是指在遇上驚心動魄的事件面前，表現出胸有成竹的心理素質和審時度勢的應變能力。當面對手持不同凶器的歹徒時沉著的心態，冷靜的頭腦是以靜制動戰勝對方的前提條件。沒有這樣一個冷靜的前提，沒有一個估量權衡克敵手段的瞬間準備，面對歹徒必然方寸大亂。因此，魯莽急躁不成，害怕怯縮更不成。只有用冷靜的頭腦，正確地分析敵我雙方的優劣條件，評估環境，再加上科學的制敵本領，才能巧度勢、闖險關。

所謂巧度勢，就是要迅速觀察事件的發展變化，它包括對敵方身體狀況的觀察、心理動機的捕捉，還包括對地形地物的利用，以及對方出手進攻時意圖和力量的破綻等等。總之，要及時捕捉戰機，用迅猛、果敢、頑強的威懾力量，疾速將歹徒制服。

（二）虛實結合，隨機應變

「虛」與「實」「動」與「變」的轉換不僅僅是哲學理念的體現，還是事物變化規律的高度抽象和概括。如果把實虛結合、隨機應變的手段應用在擒拿格鬥中，也不失為克敵

原則。

在與歹徒奪凶器時，要由對敵方神態意識、語言行為等方面來觀察分析、判斷歹徒所要達到的目的。然後根據現場實際，確定制敵方向，採取左翻右轉、聲東擊西、指南打北、支撐四面、總攬八方的戰術。這就是避實就虛、揚長避短。當然，在奪凶器中所表現的應變能力要比日常生活中、社交中的應變能力複雜得多，多呈現出迫在眉睫、刻不容緩之勢。例如：當歹徒用槍逼近時，切不可輕易做出任何抵抗動作，可暫且按照歹徒要求舉手轉身，以麻痺歹徒，但自己思想要高度運轉，隨時期待戰機到來。一旦對方放鬆戒備或稍有懈怠時，迅速反擊，以快制動，將歹徒降服。

（三）揚長避短　捕捉戰機

奪凶器時要充分發揮自己的長處和優勢，尤其面對窮凶極惡手持凶器的暴徒，應儘可能以最大系數隱蔽自己的弱點。俗話說：「弱點外露必遭災禍。」它強調了暴露自己劣勢而導致的嚴重後果。

如何發揮自己的長處和優勢呢？首先要對自己戰勝對方的能力有一正確估計與了解，包括體力、智力和技術手段等等。只有明瞭自己和歹徒間的長處和短處，才能在繳奪對方凶器的過程中揚長避短，發揮穩、準、狠的特效；其次要善於觀察對方，從對方眼神和操作行為中捕捉其鋌而走險、施暴逞凶的動機和膽怯因素；再次應清楚任何歹徒行凶施暴踐踏法律的犯罪行為都有其共性特徵，即不思後果、手段殘暴、歇斯底里、孤注一擲、心慌意亂等等。

上述三條需在與歹徒交手瞬間迅速料定，只有做到「知

己知彼」，而後才能「百戰不殆」。這是戰術謀略法之一。這還不夠，還得學會捕捉戰機：一是要秋毫有所察，二是要時機有所用，主動迎戰，取得最後勝利。

（四）借力順勢　出其不意

擒拿搏擊理論中「借勁使勁順他勁，不可掙力逆進行」是一句富含哲理的實戰要義。即指在我們奪凶器時，要借力順勢化力，不與歹徒糾纏在一起、僵持成一團，要像水上浮球一樣讓歹徒有勁使不上、有力發不出。

還有一招就是觀察敵方，即使在交手中，也應保持敵不動我不動，敵微動我先動，其間不能猶豫。要以敵之力摧敵之虛，敵攻之時我閃化而擊他，使敵摸不清我攻擊力量的方向大小。這就是「見其行，我即入，直摧敵身」法中的出其不意。假如敵方匕首當前，切不可用手和胸直接抓手和相頂，應迅速閃身從側面避其鋒芒，化掉匕首直刺的力量，借機順勢實施擒拿技法。

奪凶器過程中，技法的運用不是單一的，而是綜合變化同時運用。所謂見機行事、見勢出招、隨勢而布、隨勢而發、招法多變、出其不意，以迅雷之勢直搗敵虛，這樣才能取得較好擒敵效果。

（五）果敢善斷　攻其要害

擒拿技擊要做到果敢善斷絕非一日之功。常見練過功夫的人在實戰中卻不能掌握拳法技法的規律，出現「有悖謬，有牽扯」動作行為。常言道：「當斷不斷必遭其亂。」說的就是理性判斷不準確、行為要領不規範造成的危害。

面對持不同凶器的歹徒，要想制服他，採用什麼樣的方法與個人素質很有關係。一旦確定了攻擊點後，絕對不能遲滯僵硬、澀膩不利，而應如百脈流通般地氣貫長虹，聚體內之力落於一點，發手勇猛，落點堅剛，達到疾、快、猛並用的效果。攻其要害說的是猶如用蜻蜓點水之力巧取利勝制敵的本質技能。

在實戰中善斷與巧攻一定要相輔相成。判斷不準，會給擒敵帶來一定阻力，攻擊不利，也達不到擒敵效果。

五、練功六要

（一）練功要有明確的目的

心明才能眼亮，才不會走彎路，走斜路，走迷路。心明應該理解為有明確的目的，有明確的方向，知道自己在做什麼，為什麼這樣做。我們學習武功也應如此。若沒有明確的學習目的，只圖一時興趣、一時的心血來潮或是抱有某種不切實際的幻想來練功，當然不行。練功是艱苦的，有時甚至是痛苦的，需要吃大苦、流大汗、花大力才能將功夫練到身上。當然抱有某些不良動機、不良思想、圖謀不軌的人練功，更不會練出好結果了。這種人即便練出點功夫，也會由於目的不純、心術不正而惹事生非，以致出現不良的練功後果，甚至給社會造成危害。

武術派系中的各門各派都非常重視練功者的品德和練功目的，對練功者提出許多規章和要求，譬如梅花樁拳門派中就有這麼一條規定：「好練之家可傳也，不好練之家緊緊收

藏也，不可傳給匪人也。」這裡所指的匪人即圖謀不軌、為非作歹之人。今天我們練功一是為了繼承發揚我國傳統的武文化；二是陶冶自己的情操；三是鍛鍊出強健的體魄；四是學到自衛防身的本領。

有了明確的練功學習目的，練功才能持之以恆、不怕挫折，才能虛心求教，越練越有興趣，真正練到藝上身。

（二）練功時要專心

我們這裡指的心，即指人體思想和意識的中心，而不是指心臟。《性命圭旨》中說：「身外無心，心外無道。」若離開人的身體去找意念和思想是講不通的，脫離開人的意念和思想去練功也是不行的。所以，我們在練功時要排除各種私心雜念。

這裡所指的私心雜念是：畏難恐懼，懼難求易，雜事纏身，心情不定，好高騖遠，急於求成……

梅花樁拳一代宗師韓其昌經常詠誦一段口訣：「心內觀心覓本心，心心俱絕見真心，真心明澈通三界，外道邪魔不敢侵。」我們不論練習什麼功法，首先應該做到安下心來，靜下心來，如果練功時不能排除各種雜念和干擾，人心各異，心不守舍，東看西瞧，東拉西扯，注意力不集中，心靜不下來，這種思想境界是不可能練好功的。

練功時做到「三運」「三到」，即以心運意，以意運氣，以氣運神，以求心到、意到、氣到。我們在練功之時把頭腦中的各種雜念通通消除掉，只留浩然正氣、坦蕩無私的胸懷、全神貫注堅韌不拔的精神。在這種意境中練功，必然會記憶增強、功力倍長。

（三）要把握好練功的時間和節奏

前輩老師們常說：「練功緊了崩，慢了鬆，不緊不慢才成功。」因此，習武者要想收到好的練功效果，就必須牢牢掌握好練功的時間和節奏。

什麼樣的時間練功最佳呢？又如何選擇它呢？這是練功者必須掌握的知識。

春、夏、秋、冬四季，又分為八節，立春、春分、立夏、夏至、立秋、秋分、立冬、冬至，四時氣候的變化是生物生長、收藏的重要條件之一，但有時也會成為生物生存的不利因素。在四時的氣候變化中，每個季節都有不同特點。氣候變化不同，人之氣血運行也隨之變化不同。

春天和夏天，人身氣血活躍，這時練功的運動量應該逐漸加大；秋天與冬天，氣血收藏之時，練功者也應該隨之保持原狀。遇到節氣交接時期，如果感覺身體過度疲勞，練功的運動量應該減少。

如果習武者長久不間斷地練功，而拳藝進展緩慢，這種現象稱為「藝疲」，需要加大練功的運動量，方可使功夫進一步提高。以上說法稱之為「四時行功加減論」。我們要科學地把握自己的身體情況和四時行功的加減，合理地安排練功的時間及運動量，遵照循序漸進的原則，便可收到較好的效果。除了注意練功的時間和節奏，選擇適當的練功場地也是非常重要的。

1771 年，英國有位叫普裡斯特利的科學家做了一個非常有趣的實驗：他把一隻小老鼠放在玻璃鐘罩內，不久小老鼠就死了。後來把一隻小老鼠與一株綠色植物同時放入玻璃

鐘罩裡，由陽光照射著，小老鼠在裡邊就生活得自由自在。原來植物的綠色部分在光照下起著改善空氣的作用。植物在陽光下不僅能放出氧氣，而且還能吸收空氣中的二氧化碳。人們把植物的這種生理活動稱為光合作用。

因此，我們在日常練功時，應該注意這一現象，有陽光的白天，選擇綠樹成陰，植物環抱的天然氧吧中練功，會感到心清意爽、心曠神怡，而夜間練功就應該選擇空曠一點的地方了。

（四）練功者要懂得「三節九段」和「六合」

前輩老師講：「腳去手不去，必是偷來藝」，「上步需要先上身，腳手齊到才為真……」由此看來擒拿搏擊中手法、腿法、身法、眼法的配合是何等重要。一動全身俱動。一處不合，交手搏擊中必不勇猛，欲求疾、快、猛，起身落點一定要整。

如何在搏擊擒拿中達到疾、快、猛的程度呢？習武者必須懂得「三節九段」和「六合」。

身體立正站好，兩手向下伸直，分為上、中、下三節。手至肩為上節，頭至臀為中節，胯至足為下節，這是人們常說的三節。九段是由三節中細分而產生的。手腕為上節之梢段，肘為上節之中段，肩為上節之根段；頭至主心骨為中節之上段，主心骨至臍為中節之中段，臍至兩臀為中節之下段；胯為下節之上段，兩膝為下節之中段，兩腳腕為下節之下段。

「六合」包括外三合和內三合，外三合即肩與胯合、肘與膝合、手與足合；內三合是心與意合、意與氣合、氣與力

合。

我們懂得了「三節九段」和「六合」的道理，在平時練功和擒拿搏擊中，注意全身的協調配合、協調用力，以達到形、氣、神的完美統一，必然收到好的擒拿搏擊效果。

（五）練功要紮紮實實，持之以恆

如果要想真正掌握擒拿搏擊技法，要注意學與習的關係，要出大力、流大汗，紮紮實實下一番苦功，千萬不要好高鶩遠，急於求成。

就好像我們讀外語，教師教你讀單詞、講語法，我們雖說很快就掌握了語句語法理論的運用，但在實際與外國人交談中還是用不上，或者感到非常吃力。

由此看來，僅僅掌握了理論知識是不行的。融會貫通，真正吃在心裡、印在腦中，還要有個天長日久的實踐過程。這個過程需要時間，需要勤學苦練，需要堅持，需要紮實的功底，這就是功夫。

有些擒敵技法看起來很簡單，學習起來也似乎很容易，但真正體會到其中的勁力、勁道，在驚心動魄的搏擊擒拿中運用自如，真正用得上，還得經過一番艱苦的練習和實踐。「冰凍三尺百日寒，爐火萬煅閃青焰，知識越學越精深，手腳越動越靈便。」常言道：「學藝容易練藝難；練藝容易守藝難；守藝容易懂藝難。」守藝就要堅持鍛鍊，終生不懈。不經過「守藝」就很難達到「懂藝」。「理不通藝不精」，不明其理難得真諦。

因此，我們練功要有恆心，有毅力，功夫來不得半點虛假。只要我們紮紮實實、不怕苦累、持之以恆地堅持下去，

將功夫真正養在身上，所掌握的擒拿搏擊技法就能真正得以體現。

（六）練功需要名師指點

武術的書籍，流傳記載的文字很多，但決不能代替老師的口傳心授與老師的點撥示範。武術中的微妙之處，往往是文字難以表述的，這也是武術傳播中的一大特點。

關於學藝找名師的古訓，前人為我們留下不少，諸如：「拜師如投胎」「道高龍虎伏，德重鬼神尊」「學必求良師友」等等，意思多是說拜好老師十分重要，它關係到能否成材。那麼，學武須經什麼樣的名師指點？什麼樣的老師才能算得上名師呢？

先輩老師講：名師必須具備「三明」，即「一為眼明」，所謂眼明是說雙眼應明眸目清、雙瞳剪水，而實質上是指能夠察察為明，洞燭其奸，引人入正途，從而嚴氣正性、報效為國；「二為手明」，即教亦多術，技高藝卓，能夠春風化雨為眾人之師表；「三為知明」即盡得真傳，所謂知其理懂其藝悟其道。比如韓其昌宗師就常說：「言不明，藝不精，要學藝，需學理，理不明，藝不通。」如此而論，大凡各代名師除才德高尚、武藝卓絕、頂天立地外，還有發蒙啟蔽、金針度人，且能達到「門內有君子，門外君子至」的育人招賢的目的。

名師的定於一尊、獨樹一幟、放之四海而皆準的典範作用非常重要。有了明師，再加上習武者自己夙興夜寐、聞雞起舞，何愁功夫不上身？

六、奪凶器擒拿中眼法的妙用

眼睛是人類獲取外界信息，或認知客觀世界的「信號接收器」。據一些科學家們研究，人類獲取的信息 90%以上來自眼睛。所以，人們常常用「眼中不容沙」來形容眼睛對外界客觀事物的敏感程度。透過眼睛的神情又能反映出一個人的氣質、威嚴、精明、凶狠或呆滯。當習武之人經過長期武功鍛鍊達到形神合一的程度時，神聚於目，眼睛會顯得明亮，炯炯有神，我們經常見到八九十歲的老拳師，耳不聾，眼不花，就是長期堅持武術鍛鍊的結果。

在驚心動魄的格鬥中，眼睛的作用就更加重要了。不少武術門派都這樣形容眼睛：「心為元帥，眼為先行，耳為偵探，腳似戰馬，手似刀槍」；「破敵全憑一雙眼」；「眼觀六路，耳聽八方」等等。

梅花樁拳法在平時練功中就特別重視眼和眼法的練習，在技擊中又經常運用眼法取得技擊的勝利。梅花樁拳法論述中講到「神」「色」「聲」「氣」這四個字。「神」首先指的是眼神，「色」是神態表情，實際是內心世界的外觀。「聲」即是聲音，「氣」說的是氣質。

梅花樁功夫達到上乘時還有一種「神色即可傷人」的說法。乍聽起來非常玄虛，其實不然，由梅花樁拳法的練習達到周身「通靈合一」「形氣合一」「形神合一」的程度時，目光自然顯得格外明亮有神，使對方不寒而慄，進而起到「神色傷人」的震敵之威。

技擊中眼睛是第一個審視對方的感覺器官，透過眼睛的

「觀察」，能夠洞察對方的微妙變化：知進、知退、知寬、知窄、知上、知下、知左、知右，首先在「情報」和心理上獲得了優勢。如果我們的眼睛沒有練出來，觀察不出來對方微小的變化，或是雖能覺察出對方動作變化，但總比人家慢半拍，甚至出現判斷失誤，敵人打東我防西，敵人打上我防下，這樣必然難以取勝。

所以說：觀敵，是眼睛的第一功能。技擊之中對方快速運動時能夠正確地觀敵並迅速作出相應的反應和動作是很不容易的，平時不注意眼功的鍛鍊，沒有很好的眼功，快速的反應和應變能力就不可能養成。

練出了好的眼功，技擊中還要懂得眼法的運用。眼睛的細小的變化，神態上的細小變化，往往會收到意想不到的效果。

比如以眼神的微小動作給敵方造成錯覺，可起到誘惑、迷惑、麻痺敵人的作用。這就是我們技擊中所運用的眼法，常用的眼法有「看上打下」「看東打西」等等。

眼法運用得好就能夠有效地麻痺、誘惑或迷惑敵人為我們贏得時間，使對方出現空隙，使我們有隙可乘，乘虛而入，取得勝利。但是，有些人會提出疑問：眼既然是「心之苗」，那麼，當你觀察對方的同時，對方也在觀察你，對方心裡想什麼，幹什麼會通過眼神流露出來，使我們捕捉到需要的信息，那麼，你心裡想什麼，幹什麼，不也會由你自己的眼神流露出來嗎？

這種疑問是對的，技擊中，雙方都會不停地用眼睛觀察對方，用眼法麻痺、誘惑、迷惑對方。但是應該清楚，隨著武功的不斷提高、增長，眼睛的觀察能力會更加敏銳，同時

眼神的動作也會更加隱蔽，眼法的運用會更加熟練逼真。由此得出一個結論，眼法的運用和習武人武功功夫深淺有關，能夠運用眼法，起到麻痺、誘惑、迷惑敵人作用者，其武功必達到「爐火純青」的境界。

技擊中離不開眼睛和眼法，眼睛和眼法是取得技擊勝利的重要因素，但是，眼睛眼功的練習、眼法的養成是比較難的，所以，我們在平時的武術訓練當中就應該特別注重眼睛的培養、眼法的練習。

練習眼睛眼法的方法非常多，比如：「定視練習法」「餘光練習法」「感應練習法」「綜合練習法」等。梅花樁拳派認為最好的眼睛練習方法是與平時梅花樁拳術套路結合的練習方法。

練習套路時結合眼法練習，套路中的每個細小動作都要求眼神隨上，步到身到、眼到手到，當練習梅花樁樁步五勢五個靜止的拳勢時，眼睛要順著向前伸出的拳或掌凝神遠視，眼前無人似有人，盡量不眨眼睛、不低頭、不仰頭；練習梅花樁行步三法時，做到腳隨手出、步隨身換、神形相隨、落點齊整。經過一段較長時間的有意識的眼法練習，眼神、眼功、眼力必會達到形神合一的「神明」境界。

七、預防武術練功中的損傷

透過武術鍛鍊，強健了體魄，陶冶了情操，又能學到自衛防身的本領，是一舉幾得的好事、美事、樂事。因此，千百年來，武術鍛鍊就成為大家首選的鍛鍊形式，受到人們青睞。

但如果練功時方法不對頭，不講科學地蠻練、瞎練，不但達不到強身健體的目的，還會由於練功不當給自己身心帶來不應有的傷害。那麼，怎樣才能防止練功中的損傷呢？

（一）練功前要做好充分的準備活動

每當我們練功前，老師總是先叫我們活動活動腰腿，做些簡單的武術動作，等腰、腿活動開了，才開始正式練功，這是為什麼呢？

我這裡舉一個非常簡單的例子，人們發動汽車，特別是冬天發動汽車，由靜止狀態逐漸轉為運行狀態，需要一個過程，當點火器點燃汽油，發動機槓杆帶動活塞開始慢慢工作時，我們不能猛踩油門，不能突然增加內燃機的轉速，須等水溫提高，潤滑系統正常後才能開始行駛，不然機械就容易受損。人亦一樣，由靜止狀態到運動狀態需要一個過程。

人體在練功前是一種安靜狀態，要克服人體各器官從靜止到動的生理惰性，必須由簡單的伸伸筋骨、活動活動腰、腿等準備活動來提高中樞神經系統的興奮性和酶的活動，由神經的傳導使人體心臟、肺等器官適應練功狀態。當人體由安靜狀態逐漸過渡到活動狀態後，各部位功能提高了，身體逐漸適應緊張練功的要求了，再開始練功，當然不會因突然緊張運動而造成內臟、肌肉、韌帶損傷了。

（二）加強練功後的整理活動

在激烈的搏擊或強度很大的練功之後，突然停止運動，有時會產生頭暈、面色蒼白、呼吸急促或嘔吐的現象。

為什麼？原來人在練功時，需補充大量營養以維持運

動，這時血管充分擴張，大量的血液在肌肉組織內循環，如果突然停止練功，因練功引起的生理變化是不可能隨練功的突然停止而立即消失的，因為練功時肌肉活動常常是在缺氧的情況下進行的，需要大量氧氣以補償練功的需要，練功突然停止時，靜止姿勢首先就妨礙了強烈的呼吸動作，影響了氧的補充，致使心臟血液輸出量減少、血壓降低，造成腦暫時貧血，從而引起人體一系列的不良感覺。所以，激烈的搏擊訓練、強度較大的練功之後應該繼續做些放鬆調整活動，整理活動是消除疲勞、促進練功後體力恢復的一種良好方法，只有這樣才能保障人體各個器官不受損傷。

（三）注意練功期間的營養

練功期間，人體消耗了大量的營養、水分，需及時得到補充，多吃一些含蛋白質較高而易消化的食物，如牛奶、魚肉、瘦肉等等，能充分滿足和補充練功後人體所需。

還要注意一點，一般劇烈的練功結束後，應休息半小時以上再吃飯，飯後一個半小時以後再開始練功。

（四）合理安排練功的負荷

從運動生理學理論來看，人體在練功中一旦過度疲勞或負荷過度，肌肉機能降低，力量減弱，全身協調性下降，就極易產生損傷。因此，根據自身功能狀況、承受能力，合理安排練功強度就非常重要。當身體出現疲勞時應及時進行調整或放鬆，使身體得以充分恢復，還要加強易傷部位肌肉的力量和柔韌的功法練習，避免人體某局部負擔過重。安排練功強度時，一定要從實際出發，從練功者身體功能狀況、訓

練程度出發。

我們經常見到一些操之過急的習武者渴望一舉成功，過早進行較難的技術動作練習和運用超強度的練功形式，結果造成關節、肌肉、韌帶損傷。由於人體各器官系統對練功的適應度不同步，所以，一定要有規律地安排負荷。當身體某部位、局部有不良反應時，應立即採取必要的保護措施，甚至暫時停止練功。

（五）選擇適當的練功地點

武術練功中有許多起伏、翻騰、跳躍和旋轉的動作，要求各肌肉群的相應皮質中樞之間高度協調，運動中樞和植物性中樞之間和諧一致。由此看來武術練功的難度大於其他體育鍛鍊。為保障練功順利進行，練功前要選擇、檢查練功場地是否平坦、整潔，周圍有沒有明顯障礙，練功的器械護具是否損壞等等，以避免因場地、器材不合格造成的扭傷、硌傷、摔傷等不良後果。

綜上所述，要想預防練功中的損傷，就必須有規律地安排運動負荷，合理地安排練功時間和強度，遵守由淺入深、由易到難、循序漸進的練功原則。以符合人體運動規律，符合人體生理機制，符合自然規律。達到科學練功的目的。

第 四 章
練武雜談

一、從「武」字談起

不少人解釋「武」字說：武字上邊是個「弋」字，下面是個「止」字，上邊的「弋」指的是一種兵器，而下面的「止」當為停止的止。「弋」「止」合起來形成「武」字，所以說：武字應理解為解除戰鬥，停止搏殺，刀槍入庫，馬放南山……我查閱了不少有關解釋武字的資料，其中中國第一部分析漢字的字書《說文解字》中是這樣寫的，武字上半部是個「弋」字，「弋」是古代的一種兵器，而下半部的「止」則代表腳趾，而且古文字中「止」既代表腳趾又代表手指，因此「武」字應該理解成手拿「弋」這種兵器，徒步，邁步去打仗去搏鬥。

由此看來，武術的武字應該指打鬥，搏擊；「術」自然指的就是打鬥搏擊的方法和技術了。

武術的技法隨時代的變遷而不斷發展、完善、推陳出新。比如，隨著手槍的發明使用，便演繹出武術擒拿奪凶器的技法，也就有了近身奪槍下械的技法，武術技法的形成來源於生活，來源於實踐。技法的發展更新又促使人們從實踐中不斷總結、不斷昇華，形成一種獨具特色的東方武文化。

那麼，武術為什麼會產生在東方的中國呢？只講中國歷史悠久，那麼羅馬史、埃及史呢，不是同樣歷史悠久嗎？我們看了不少描寫羅馬帝國歷史戰鬥的影視，其中人物大多身材魁梧，你用斧子砍來，我用盾牌上架，你打我一拳，我還你一腳，技巧性不是很強，不是很講究，主要是拼力量。而中國武術搏擊講的是四兩撥千斤，如水上浮球，以圓破直，你打我，我像球一樣圓滑，破掉你擊來的力。

　　搏擊中講究借力發力、順力打人。武術技法的產生發展與天時地利、人種特點密不可分。中國人身材相對矮小、靈活、機智，有自己特有的巧妙思維方式，所以說，武術的搏擊技術發展突出了中國人的智慧，是國人智慧的結晶。搏擊中靠智慧、講技巧，絕非用蠻力死磕硬碰。

　　武術伴歷史風風雨雨發展到今天，已形成了一個完整體系，有人稱其為武道、武學，包括內容非常豐富：武術技法、武術理論、武術醫學、武術哲理、武術禮儀、武術服飾……所以被世人譽為「博大精深」。

　　長時間的武術鍛鍊，自然起到了強身健體、益壽延年的功效，因為習武過程中講究內外兼練，無形之中使人的身體由內到外發生變化。

　　正如宋朝張載在解釋「剛柔相摩」時說過的一段話：「以人言之，喘息是剛柔相摩，氣一出一入，上下相摩錯也，於鼻息見之。人自鼻息相摩，以蕩於腹中，物既消爍，氣復升騰。」這種樸實無華的講述與現代體育運動的生理機制是吻合的。

　　習武講究腹式呼吸、氣運丹田。腹式呼吸時，由於膈肌下降，加上「提肛」，腹腔自然縮小，而腹腔中的內臟相互

受到不同程度擠壓，又相互發生摩錯，在一張一弛間，就得到一次自然的按摩運動，將氣運到體內，達到五臟六腑的摩錯，這與生命在於運動的理論和實踐完全一致。

武術的內外兼練，也是武術區別於其他體育鍛鍊形式的重要標誌，但武術的內外兼練的本意還是為了搏擊，將氣運到丹田，使得內氣充盈，以意運氣，以氣運力，不怕踢打，達到抗擊打的目的。倘若把武術搞成單純的健身活動，或單純的心理修練，必然失去武術的本來面目。

由於武術傳授的是搏擊的技法技巧，是自衛防身的看家本領，所以，各門各派在傳授武術功夫的同時制定了許多戒律門規，用來教育約束習武者。

武術中熟練的技擊招式，套路中閃電般的攻防動作，步法、手法、身法、腿法的巧妙變化，炯炯有神的目光，同樣給旁觀者以美的享受，這種美是力的體現，是形神合一、形氣合一的體現，是一種內在的精氣神的體現，催人奮進向上。

綜上所述，武術的本質應是搏擊的技術、技巧、技能。其健身功能、育人、表演等等乃是它的「綜合效益」。所以，要悟出武術的內在含義，理解武術的真正價值，弄通武術的哲理，進一步提高武術的科學性和理論體系，不然就會使武術變得凝固和僵化，或使武術面目皆非。那樣武術的發展與提高豈不成了一句空話？！

只要我們認真防止種種片面性和脫離實際的過分誇張，就能沿著「實現中華民族偉大復興」的金光大道，續寫出新千年新世紀的中華武術的——春天的故事。

二、武行要靠真本事吃飯

招聘人才的廣告啟事，經常見諸於報端，說明技能和本事在任何時候都是一種不隨人俯仰的硬頭貨。它不但證明了才幹是幹事業的硬件，也是解決吃飯問題的重要手段。

當然，多少年來，也有不靠真本事吃飯的。皇上老子吃特飯，憑的是世襲；豪門權貴吃霸飯，靠的是門第；夤緣附會者吃軟飯，靠的是鑽營巴結。到了商品時代，便有了一些人靠權術呀，手段呀，裙帶呀，嘴皮呀，甚至是「現炒現賣」呀等等混飯吃。

而武術則是一門靠專業技術知識和時間積累的本事，有一個向高手名師學習、苦練，到自身消化、吸收、總結，進而轉化為個體內在本領的過程。有道是「武術之心隨意而動不逾矩」，說的就是武術到了隨意而動、隨欲而發的程度，必須付出相當多的時間和精力。而那些本無武術之心，更無行武的道德和本事，僅僅粗知一些武術門派，記下幾句武術術語，背誦幾段拳譜，得了些皮毛就自以為「專業化」「知識化」「理論化」了，就成了什麼「擒拿王」「技擊大師」的人，只能暫時蒙蔽一些外行人。雖然這種飯比靠本事吃來得容易，但終究有砸了飯碗那一天。

那麼，武行是否時無英才，只能由現炒現賣的人冒牌，讓武術投機者搖舌占乾坤了不成？不會！因為武術文化說到底還要靠真打實做，靠在拳場與實戰中交手定高低。那些在暗中鬥心眼，明裡又只會狂侃、以貓代虎充高手的勾當，終究難以長久。

武術靠真本事，也靠武德。假若武術愛好者都長了學會識別什麼是武術真才的見識，敢於出手相試後再去學藝；假若武師們都能自律，憑真本事吃飯，拒絕「現炒現賣」者混跡於武行之中。那麼，損武利己的狂侃之風就只能孤立地在自己那「一畝三分地」上抖抖威風了。

武行呼喚真本事，武行需要純正空氣，否則，我們的博大精深還能高唱幾時呢？

三、傳法難傳功

俗話說：「練武不練功，老來一場空。」武術不同門派、不同拳種，都有自己獨特的風格和不同功法。有的以逸代勞，有的主動出擊，有的直來直去，有的螺旋而進；有剛，有柔，有猛，有巧。

老師往往在傳授功法時，提醒自己的學生要下工夫。我們周圍也常常看、聽到有些習武者埋怨自己所學的招法在實際搏擊之中不好使、用不上。如果他們練的是那種花拳繡腿的花架子，當然用不上。

練功的技巧和方法靠老師教，功夫則需靠自己練。不學練功的方法，不懂習拳的理論，就不可能體會到其中的奧妙，就不清楚怎樣練好功、如何練好功。即使知道了最佳的搏擊技術，背誦了大量的拳譜理論，不下工夫苦練，不用身心肌體去體驗勁力、勁法，不飽嘗抻筋拔骨的磨礪，到頭來也只能是徒有空招，欺人騙己而已，沒有真正養藝上身。

寫到此，我想起了司馬遷《史記・周本紀》中記載的故事：有位叫養由基的射箭高手，能離柳葉百步之外而百發百

中。有一次他給大家表演射技，左右的觀眾有上千人，都誇讚他箭射得好。

其中有一位看客，對他說：「你射得真好，能不能把你的射箭之法教給我呢？」養由基說：「可以，射箭的方法是左手托箭要穩，如同依附在泰山上一樣；右手拉弦要有力，姿勢好似懷抱嬰兒。」不等養由基說完，看客就急忙按照他說的方法射起來，卻屢屢不中，他只好再次請教，養由基說：「百發百中之功，豈能在朝夕之間練成！非三年不可。」

上述故事說明招法靠功夫體現，靠在不斷演練過程中，悟出新道理，演繹出新技法，以充實功夫的內涵，完善武藝的功效和搏擊的技能、技巧。古人講：「久久為功」也可以理解為功夫是身心的投入、實踐經驗的積累，是把正確的技法、招法、方法練成型，由練功改變人體的體能，法由練而養成功。法必須融會到自己身上，滲透到筋骨裡，悟化到心靈深處，搏擊中才能得心應手、運用自如，達到拳無拳、意無意、無意之中是真藝的上乘境界。

由此看來，靠一本所謂的秘訣、幾本真傳，甚至說什麼做了個夢，夢中某某大仙或大師教了幾手絕招，就成了武術家、搏擊家，純屬無稽之談。

學會了練功的方法，懂得了拳術的基本道理只不過是練武的開始，如果想在驚心動魄的格鬥中達到出神入化、運用自如、穩操勝券的階段，必須下苦工夫，真正做到藝上身。由此看來，法靠傳、功靠練、傳法難傳功的道理是多少代武術家在一生的行武生涯中體會出來的「真經」。

四、武術「點穴」之我見

常常看見武打影視、武俠小說中武林高手在搏殺的危難關鍵時刻突然施展致命絕招，用手指一點對方「穴道」，對方立刻「身不能動」「臂不能抬」，甚至「全身癱軟」⋯⋯可謂奇妙無窮，人們將這種絕招稱之為「點穴」。「點穴」真那麼靈驗嗎？

不少讀者與武術愛好者也經常問我「點穴」功法究竟有沒有？是不是真像武打影視、武俠小說中描述得那麼神奇？武俠小說、武打影視中所謂的「點穴」絕技大都經過作者藝術渲染誇張，以此吸引讀者。

其實，「點穴」不過是運用我國傳統的中醫「經絡」和「穴位」原理。那麼「經絡」和「穴位」又是什麼呢？中醫學中講：「經絡」是運行全身氣血、聯絡臟腑肢節、溝通上下內外的通路。經絡通於全身，經絡布於全身，屬於全身各個部位的信息聯絡網。然而經絡很複雜，解剖看不見，治病確有效，這像是一個悖論，你說它沒有，牙痛針刺合谷穴卻管事，你說它存在，解剖人體尋不見。

「穴位」又稱「腧穴」「孔穴」「穴道」。內經有「節」「會」「氣穴」等名。「腧」有輸注的含意，「穴」有空隙的意思，為經絡臟腑，氣血輸注。其中凡經歸屬於經脈通路上的稱為「經穴」，十四經共有三百六十多穴，未列入十四經的概稱為「經外奇穴」，沒有固定位置。「穴道」「穴位」也可理解為，神經末梢密集或較粗的神經纖維經過的地方叫「穴道」或「穴位」。

人體許多重要的血管多埋藏在肌肉深層，也有的處於淺層。血在脈中循行，內至臟腑，外達皮肉筋骨，對全身各臟腑組織器官起著輸送營養和滋潤的作用，以維持正常的生理活動。人們了解了「經絡」「穴位」「血」的運行等醫學原理，搏擊時就可以有目的地擊打擊中人體某些薄弱部位、薄弱環節和敏感區，深入骨髓，截斷營衛從而贏得搏擊中的勝券，這些都是可能的，也是人們在多年生死搏殺中總結、體會出的寶貴經驗。

　　比如：當「太陽穴」遭到猛烈的擊打或撞擊時，極易引起腦血管破裂、硬膜下血腫，甚至導致死亡。輕則直接震盪大腦，使人視線模糊眩暈，「太陽穴」是人體重要的薄弱部位之一，是最怕受到擊打的要害部位。

　　又如：從臂叢發出的正中神經、尺神經和橈神經，它們支配著肌肉的活動，而尺神經在肘關節後部時又極易觸摸到淺層神經，使之成為搏擊中攻擊的「穴道」，人們常叫它「麻筋」，當我們搏擊中稍一碰到它時，頓時會有一種類似觸電的感覺，使前臂酸麻鬆軟，處於無力狀態，失去抗擊能力。

　　綜上所述，不難看出「點穴」功法自古至今確實存在，是人們研究搏擊技法中不可缺少的部分。也是一些習武者夢寐以求、希望得到的上乘功夫。

　　武術講究內練一口氣，就是與經絡有關。形、神、意、氣到了經絡貫通的程度就屬於大武術的範疇貫通了。於此，經絡的存在足以證明武術的合理性、科學性和博大精深。

　　既然「穴位」並不神秘，那麼「點穴」也不過是先人們利用古老的醫學原理，利用「穴位」的特殊性發展而成的一

種搏擊手段。由擊打「穴位」，擊打人體的薄弱環節、薄弱位置和敏感區域，以達到超出一般擊打時所產生的效應。

值得提出的是，人們在驚心動魄的搏鬥中，你來我去，上躥下跳，左旋右轉，處於高速運動、變化中，加上對方的嚴密防守，而「穴位」的固定區域範圍又那麼小，想輕而易舉擊中對方「穴位」「穴道」，非一朝一夕之功。

中國傳統文化主張天人合一，本身就是重視開發人體之本能。武術、經絡的挖掘與發現源於中國，武術與經絡科學結合的結果，必定會在認識論、方法論、實用技擊理論方面，在醫學、化學、生物科學等各個方面產生難以估量的影響。中國文化需要更新，需要突破，需要為人類作出自己的貢獻。如果我們一時還找不到更好的突破口的話，就從武術與經絡的研究開始吧。

五、以「武」爲寶抗非典

「非典」是一場突然降臨的災難，在這個看不見、摸不著的病毒尚未完全摸清的情況下，最好的抵禦辦法就是培補正氣，提高自身免疫能力，築起抗「非典」的自然防線。

怎樣才能培補正氣、提高自身的免疫能力呢？非典型肺炎在中醫被稱為「瘟病」或「疫毒」，基於「四時不正之氣」的影響，中醫學認為，疾病的發生和變化雖錯綜複雜，但不外乎人體本身的正氣和邪氣兩方面。《素問·遺篇·刺法論》說：「正氣存內，邪不可幹。」內臟功能正常，正氣旺盛，氣血充盈，病邪難於侵入；人體正氣虛弱，抗邪無力，邪氣必然乘虛而入，使人體陰陽失調，臟腑經絡功能紊

亂，發生疾病。

所以，中醫理論認為：正邪鬥爭的勝負，決定發病不發病。邪勝正則發病；正勝邪則不發病。

正氣的強弱決定了身體的強與弱。體質壯實，臟腑功能活動就旺盛，精、氣、血、津液就充足；體質弱臟腑功能減退，精、氣、血、津液不足或失調，正氣自然羸弱。所以說：正氣的強弱影響著體質強弱，而體質的強弱又影響著自身的免疫功能，因此，加強身體的鍛鍊使自身強壯、增強正氣是抗擊病魔侵襲的關鍵。

傳統武術的鍛鍊講究內外結合，既練表又練裡，也就是大家常講的「內練一口氣，外練筋骨皮」。內練與經絡有關。形、神、意、氣練到經絡貫通的程度，必然正氣培補，身體強壯。這種內外兼練的形式自古至今就是人們首選的健身方法。

《素問·上古天真論》說：「恬淡虛無，真氣從之，精神內守，病安從來。」所以，健身先要健心，調攝精神，便可增強正氣，減少和預防疾病發生。精神狀態受情志因素影響，情志舒暢，則氣機暢通，氣血調和，臟腑功能協調，正氣旺盛；情志不暢，則精神抑鬱，氣機逆亂，陰陽氣血失調，臟腑功能失常，正氣減弱。

由此看來沉重的心理壓力、用腦過度，都會導致自身免疫力下降。所以，克服對「非典」的焦慮、緊張、恐懼和麻痺大意、僥倖的心理是非常必要的，而武術鍛鍊正是陶冶情操、調解心態、提高人體免疫力的極好形式。

六、「氣功」「相面」話短長

前幾年，社會上刮起一股氣功熱，「大師」們各自稱絕，越說越神，簡直成了活佛轉世，無所不能。事隔幾年，又掀起一股揭示「氣功之謎」的熱潮。有些人對氣功又全盤否定，似乎毫無可取之處。

為何如此大起大落？我也談談看法。

中國氣功，源遠流長，之所以在民間流傳久遠，必有它獨特的、符合科學的、對人類有益的一面。比如武術諺語中就有「內練一口氣、外練筋骨皮」，「著人肌膚堅剛莫敵者為形，而深入骨髓截斷營衛則在於氣」的說法。可見武術、氣功於技擊、健身作用同等重要。尤其氣功與中醫相結合後，更奇妙無窮，確能起到祛病延年作用，也治癒了不少疑難病症。當然，有關氣功治病機理，尚待現代科學理論和手段進一步研究。

說起氣功，又想起相面。不少人一提相面，立刻斥責為封建迷信，我看不盡然。相面並非全無道理。比如：有經驗的農民買羊，一看便知什麼樣的羊出奶多。因為他們總結出了一套道理，即出奶多的一般有「三長」：脖子長，腿長、身子長；而買豬，則要挑選臀寬、脊厚、腿長的品種，還要看它是尖嘴還是短嘴，尖嘴豬不挑食，長得快，而短嘴豬吃食時挑挑撿撿不長肉。

古人相馬更是有一套，遠看一張皮，近看四個蹄，再看體形、眼睛、毛色……最後確認它是否良駒。

最近我結識了一位養鴿子的專家，聽他講如何確認鴿子

品種優劣更是頭頭是道。這說明，長相與動物的生長發育甚至「性格」有很大關係。

人也不例外，其長相神態必然也會不同程度反映出人的性格愛好、體質強弱……比如：一般情況下，頭髮細軟的人性格較溫順，頭髮粗硬的人性格較剛硬。中醫講究望、聞、問、切，觀面色發暗、發灰、發黑者可能肝臟有疾；嘴唇發青發黑者多半心臟有病……如果在觀形的同時再加上對人神態的觀察，就可能得出近似個人特點的結論。這些能說是封建迷信嗎？我看是人類對人體科學研究的一種成果，有一定科學根據和實際價值。當然，那些誇誇其談、撈取錢財的江湖騙子不在此列。

所以我認為，對未知或知之不深的東西不能盲目下結論，更不能因為自己不懂或沒見過就一概否定。追時髦、隨大流固然不對；全盤否定也不可取。科學的態度應該是從實際出發，取其精華，去其糟粕，真正造福於人類。

七、武術應該比什麼、賽什麼

一次看武術比賽，坐在我旁邊的一位武林老者憤憤地說：「裁判不公平！」我請教他為何不公平。老者答：「那個高個兒運動員手眼身法步，都比矮個兒運動員練得好；高個兒運動員功底扎實、招數清楚、出拳有力，而矮個兒運動員動作做得又輕又飄，怎麼反而得高分……」回到家，我思索了很久，老者責怪裁判不公，不無道理。

我們的武術比賽究竟應比什麼、賽什麼，似乎值得研究探討。曾經有一個學生告訴我，現在不少武術運動員到歌舞

團去拜師學藝。他們要學的藝是什麼大家都清楚，因為武術比賽套路編排中不少動作是舞蹈家設計的，表演能取得高分，甚至拿冠軍。

近年看了不少武術比賽，的確是棍術越練棍子越細，刀術越練刀片越薄，但刀彩卻越來越醒目。一問才知，原來為的是比賽時刀有響、棍出聲。有的教練員還向我「介紹」比賽經驗：要想刀出「呼呼」聲，先得將刀把部位向前掄，刀鋒刀尖朝後，刀彩的「呼呼」聲自然而得……聽後令人哭笑不得，我們究竟是比武術還是比舞蹈、聽聲響？

要知棍術講劈、封、撥、打、掃、點、攪、戳、掛、撩……而如今這拇指般細的小棍兒，能練出中國棍術的勁道和功夫嗎！刀術講究劈、掛、撩、砍、扎、抹、措、纏、裹、托、按……而現在套路比賽中那又輕又薄的小鐵片兒，能實施上述豐富精奧的刀法嗎！

舞蹈講看，武術講用，二者不能混同。武術、舞蹈各走一經，各練各功。何況成就「舞」功也是非常難的，非數日可及；而「武」所追求的就更是一種特殊的、內外結合的技擊技法和技巧了。兩個門道兩種勁力，兩種風格，兩種追求。一個是追求高、飄、俊、俏；一個是講求精、氣、神、功、巧。「舞」拿分兒、亮相，是以藝術感染力吸引觀眾；而武術的動、靜，是為了下一步的搏擊、制敵。

談到動靜，我想起電視片《動物世界》中蠓吃蛇的過程；眼鏡蛇豎起身昂著頭「嘶嘶」地叫著，向蠓發動進攻，一次突襲、兩次突襲，蠓都一一躲過，當蛇稍露破綻，蠓就閃電般撲上去，快、準、狠地用利齒咬住蛇的七寸部位，蛇再掙扎也無濟於事了。蠓蛇相鬥，一來一往，不論是靜止還

是進攻，雙方都有其搏鬥目的，絕不是故意亮相，虛擺姿態，為好看而晃閃跳動。

《莊子·徐無鬼》中有個「運斤成風」的故事，說有個石匠，揮斧可以把另一個人鼻子上像蠅糞般大的一點白粉砍去，而鼻子無絲毫損傷。這是什麼原因呢？我想大家都會說，這是功夫！是長期不懈鍛鍊和努力的結果。

練武亦然，沒有武之外的捷徑可走。而且，武術所練的是技擊實用技法，不論是輔助功法、套路，還是對練、實戰演練，都是為了今後的實戰應用。如果我們的公安、武警戰士，熱衷於學練類似舞臺表演的華而不實的所謂武舞，那麼，在擒敵格鬥中就非吃大虧不可了！

中國武術的發展與提高，離不開比賽這個非常重要的環節。如此看來，我們的武術比什麼賽什麼應好好推敲一番。是賽花花俏俏呢，還是賽紮紮實實？是比花架子呢，還是比真功夫？諸如此類似小實大的問題，難道不是我們必須追根究底的嗎！

1941 年生於北京。係北京梅花樁拳傳人，自幼隨其父韓其昌先生習武，深得梅花樁拳眞傳，並對形意拳、戳腳拳、氣功等頗有造詣。現任中國人民公安大學高級教官、北京市梅花樁拳研究會會長。先後被少林寺拳法研究會、全美國少林拳法總會、北京大學武協技擊研究會、廣東省梅花拳研究會、武當拳拳法研究會、峨嵋拳拳法研究會等幾十個單位聘爲顧問、名譽校長和名譽館長。1999 年法國巴黎市長特別簽署授予韓建中「體育貢獻獎」。

韓建中著作頗豐，著有《梅花樁》《梅花樁續集》《五勢梅花樁》《五勢梅花樁實用技擊術》《擒敵制勝八十八法》《實用擒拿術》《擒拿反擒拿》等十幾本著作，並參加公安部擒敵技術教材的編輯工作，在全國多家刊物上發表近百篇文章。1998 年 8 月至今，中央電視台「康樂年華」「早安中國・早晨」節目中由韓建中主講的「擒拿一招」已連續播出四年之久，受到社會各界人士的贊譽。

人民日報、中國體育報、中國教育報、中國政協報、中華武術、武魂、武林、中央電視台、北京電視台等多家新聞媒體都對韓建中進行了採訪和專題報導，表彰他的業績。韓建中的名字被收錄在《中國名人錄》《中國傑出人物大典》《世界優秀人物大典》《中國專家大詞典》等大典之中。

身爲武術高級教官，韓建中對中華武術的發展、傳播、提高及國家的安定團結作出了積極的大貢獻。他培養上千名弟子中有的獲得全國或市級武術比賽的金、銀牌。有的走上了特殊的工作崗位，成爲維護社會治安的中堅力量，正可謂桃李滿天下。

導引養生功 系列叢書

陸續出版敬請期待

張廣德養生著作

每冊定價 350 元

全系列為彩色圖解附教學光碟

古今養生保健法 強身健體增加身體免疫力

養生保健 系列叢書

1 醫療養生氣功
醫療養生氣功
定價250元

2 中國氣功圖譜
中國氣功圖譜
定價250元

3 醫療氣功精粹
定價250元

4 龍形實用氣功
龍形實用氣功
定價220元

5 魚戲增視強身氣功
魚戲增視強身氣功
定價220元

6 嚴新氣功
嚴新氣功
定價250元

7 道家玄牝氣功
道家玄牝氣功
定價200元

8 仙家秘傳祛病功
仙家秘傳祛病功
定價160元

9 十大健身功
定價180元

10 中國自控氣功
中國自控氣功
定價250元

11 醫療防癌氣功
醫療防癌氣功
定價250元

12 醫療強身氣功
醫療強身氣功
定價250元

13 醫療點穴氣功
醫療點穴氣功
定價250元

14 中國八卦如意功
中國八卦如意功
定價180元

16 禪養氣功
定價420元

16 秘傳道家筋經內丹功
秘傳道家筋經內丹功
定價300元

17 三元開慧功
三元開慧功
定價250元

18 防癌治癌新氣功
防癌治癌新氣功
定價180元

19 禪定與佛家氣功修煉
禪定與佛家氣功修煉
定價200元

20 顛倒之術
顛倒之術
定價360元

氣功辭典
定價360元

22 八卦三合功
八卦三合功
定價230元

23 硃砂掌健身養生功
硃砂掌健身養生功
定價250元

24 抗老功
抗老功
定價230元

25 意氣按穴排濁自療法
意氣按穴排濁自療法
定價250元

27 健身祛病小功法
健身祛病小功法
定價200元

太極混元功
定價250元

29 中國璇密功
中國璇密功
定價250元

30 中國少林禪密功
中國少林禪密功
定價200元

31 郭林新氣功
郭林新氣功
定價400元

32 八卦之源與健身養生
定價280元

33 現代原始氣功
現代原始氣功1
定價400元

國家圖書館出版品預行編目資料

奪凶器基本技法／韓建中　著
　　——初版，——臺北市，大展，2005〔民 94〕
　　　面；21 公分，——（實用武術技擊；10）
　　　ISBN　957-468-384-2（平裝）

1.防身術

528.97　　　　　　　　　　　　　　94006252

北京人民體育出版社授權中文繁體字版

奪凶器基本技法

ISBN　957-468-384-2

著　　　者／韓建中

責任編輯／洪宛平

發 行 人／蔡森明

出 版 者／大展出版社有限公司

社　　　址／台北市北投區（石牌）致遠一路 2 段 12 巷 1 號

電　　　話／（02）28236031‧28236033‧28233123

傳　　　眞／（02）28272069

郵政劃撥／01669551

網　　　址／www.dah-jaan.com.tw

E－mail／service@dah-jaan.com.tw

登 記 證／局版臺業字第 2171 號

承 印 者／高星印刷品行

裝　　　訂／協億印製廠股份有限公司

排 版 者／弘益電腦排版有限公司

初版 1 刷／2005 年（民 94 年）7 月

定　價／220 元

大展好書　好書大展
品嘗好書　冠群可期

大展好書　好書大展
品嘗好書　冠群可期